腾云之翼

——中国电信上云历程

上云用数赋智研究项目组　著

电子工业出版社·

Publishing House of Electronics Industry

北京·BEIJING

内容简介

本书以中国电信天翼云的发展演进为背景，系统讲述了中国电信依托天翼云实现内部 IT 和业务上云的故事，见证了天翼云一步步成为国家云的持续奋进，展示了中国电信凭借科技创新从通信产业向云计算产业扩展的奋斗历程。本书旨在帮助更多处于数字化转型中的企业找到规模上云路径、制定上云方案、推进上云实施、达成上云目标、培养上云人才、保障云上运维和安全、实现业务和应用的敏捷开发与交付，从而加速企业上云进程，为全社会各行各业的数字化转型提供有力支持。

图书在版编目（CIP）数据

腾云之翼：中国电信上云历程 ／ 上云用数赋智研究
项目组著 ． —— 北京：电子工业出版社，2024. 12.
ISBN 978-7-121-49036-1

Ⅰ．F632.1

中国国家版本馆 CIP 数据核字第 20240BJ831 号

责任编辑：马文哲
印　　刷：河北迅捷佳彩印刷有限公司
装　　订：河北迅捷佳彩印刷有限公司
出版发行：电子工业出版社
　　　　　北京市海淀区万寿路 173 信箱　　邮编：100036
开　　本：720×1 000　　1/16　　印张：17　　字数：191 千字
版　　次：2024 年 12 月第 1 版
印　　次：2024 年 12 月第 1 次印刷
定　　价：98.00 元

《腾云之翼——中国电信上云历程》编委会

序 一

                  ⋮

  数字信息基础设施是数字中国的关键底座，云计算作为第四次工业革命的代表技术之一，推动以连接为主的传统网络基础设施向以云网融合为核心特征的数字信息基础设施加速演进。中国电信把握云的发展趋势，坚定履行建设网络强国和数字中国、维护网信安全的使命责任，全面深入实施"云改数转"战略，从传统电信运营商向服务型、科技型、安全型企业转型，在业内率先提出云网融合的发展思路，坚持"网是基础、云为核心、网随云动、云网一体"，全面实施业务上云、系统上云、网络上云，加快推进以云网融合为核心特征的数字信息基础设施建设，促进数字技术和实体经济深度融合，为打通经济社会发展的信息"大动脉"、赋能千行百业的数字化转型贡献重要力量。

  中国电信的上云铸云之路，是探索先进生产模式、不断自我变革的转型之路。回顾中国电信的上云历程，其是一个复杂的系统工程和创新工程。在技术层面，要在 IT 层面建立一套融合 IaaS 服务、PaaS 服务、自主可控的数字化底座，为应用的开发、

中国电信上云历程

交付、运维提供一体化支撑，而不是简单的系统搬家。在运营层面，要有效统筹上云后的产品服务升级和商业模式创新，实现生产运营方式的系统性变革。中国电信作为集团型中央企业，产品形态多样、组织流程复杂、业务数据庞大，其上云对 IT 能力、创新研发、人才队伍、流程机制等方面有着更高的要求，更对企业的变革决心提出挑战。中国电信坚定转型共识，坚持以应用为牵引推进科技创新，积极创新实施方法，在确保运营稳定、安全的同时，成功探索出符合自身发展条件的上云路径。

中国电信的上云铸云之路，是坚持高质量发展、改变传统增长方式的突破之路。伴随着我国基础通信业务的普及率不断提升，寻找"第二增长曲线"、形成新发展动能成为行业的迫切要求。中国电信基于自身的上云实践，将天翼云作为企业对外提供云服务的品牌，在不断完善云网融合资源布局、强化平台与应用服务供给的同时，为客户提供综合化的解决方案。经过持续的市场耕耘与能力发展，天翼云作为国云的框架已经全面成型，成为全球最大的运营商云。中国电信成功开辟行业发展新"蓝海"。

中国电信的上云铸云之路，是立足国资央企的使命定位、推动我国通信行业形成领先优势的开拓之路。在对云计算的发展认识上，国外运营商从短期收益、市场竞争等角度出发，对投入普遍持保守态度，错失发展机遇。中国电信深刻认识到云计算在数字中国建设和数字经济发展中的基础性、先导性和战略性作用，在行业缺乏成熟实践的条件下，持续加大研发投入力度，打造自主可控的天翼云技术体系，探索出 CT 与 IT 融合、云网融合的行业发展新路径，有效发挥我国市场规模的优势，突破传统技术理论的瓶颈，拓展通信行业的市场边界。

人工智能是新一轮科技革命和产业变革的重要驱动力量，推动通信行业进入以"网＋云＋AI"为代表的新时代。从人工智能发展的角度来看，生成式人工智能发展所需的算力、数据、模型等都需要以云为关键载体，云计算作为基础资源和核心平台所发挥的作用日益突显。从云计算自身发展的角度来看，未来的云是提供智能算力和 AI 服务的云，没有 AI 就没有云的未来。面对新的机遇与挑战，中国电信将秉承云网融合理念，把握人工智能发展方向，坚定推进科技创新，加快建设高速泛在、天地一体、云网融合、智能敏捷、绿色低碳、安全可控的智能化综合性数字信息基础设施，加快发展新质生产力。

上云、铸云、腾云，中国电信的转型"永远在路上"。

中国电信董事长

序 二

2020 年 6 月,中国电信提出了"IT 上云和业务上云"的"云改数转"战略。其中,"IT 上云"要求"新建 IT 系统 100% 上云,存量 IT 系统三年上云"。在大家的努力下,3000 余套 IT 系统提前一年全部上云。此后,中国电信分批实现了 IPTV 等核心业务平台的全面上云,推动通信产业逐步向 SaaS 化转型升级。

在 IT 上云和业务上云的实践中,中国电信的天翼云不断突破云计算的核心关键技术,促使一大批自主技术成果脱颖而出:支持一云多芯的云操作系统 CloudOS 4.0、服务器操作系统 CTyunOS、分布式数据库 TeleDB、流量智能调度 CDN、突破开源限制的大数据平台翼 MR、容器管理框架 CTG-CCSE 等自研产品在使用中快速迭代和成熟,并不断扩展,向社会提供大规模服务。

科技创新推动天翼云快速发展,自 2021 年以来,天翼云几乎连续两年实现收入翻番,其在 2023 年的收入接近千亿元,逐渐成为中国电信的新主业。

基于 3000 余套 IT 系统的上云经验,中国电信探索并具备了

中国电信上云历程

大型企业上云的"六个一"能力：一个支撑企业数字化转型的翼龙数字化底座，一套"五步骤十流程"上云方法论，一套上云成熟度评估标准，一个拥有技术规范的合作伙伴生态，一套赋能培训体系，一套开源治理体系。

在支持、服务大型企业上云的实践中，翼龙数字化底座以云服务的形式助力大型企业使用各种数字技术，降低大型企业使用数字技术的门槛和成本，支持大型企业基于统一的底座进行业务创新，全面帮助大型企业实现上云、用云和管云。

《腾云之翼——中国电信上云历程》以中国电信天翼云的发展演进为背景，系统讲述了中国电信依托天翼云实现内部 IT 和业务上云的故事，见证了天翼云一步步成为国家云的持续奋进，展示了中国电信凭借科技创新从通信产业向云计算产业扩展的奋斗历程。

早上云，晚上云，早晚都要上云；早上云，早受益。中国电信在"云改数转"战略上取得了共识，尝到了甜头。

当前，随着 AI 大模型的发展，企业上云的渗透率逐渐提高，云智融合成为新质生产力，天翼云也在向智能云发展。

祝愿更多企业在 AI 时代通过运用云智技术，实现高质量的发展。

邬广禄

中国电信科技委主任

中国电信原总经理

前　言

《中华人民共和国国民经济和社会发展第十四个五年规划和
2035 年远景目标纲要》明确提出了打造数字经济新优势的战略
布局，充分依托海量的数据和丰富的应用场景，深化数字技术与
实体经济的融合，以赋能传统产业转型升级，催生新产业、新业
态和新模式，从而壮大经济发展的新引擎。

2018 年，工业和信息化部发布了《推动企业上云实施指南（
2018—2020 年)》的通知，旗帜鲜明地支持企业上云工作。紧接
着，在 2020 年 4 月，国家发展改革委与中央网信办联合推进"上
云用数赋智"行动，掀起了企业上云的热潮。2020 年 8 月，国
务院国资委印发《关于加快推进国有企业数字化转型工作的通
知》，明确要求利用云计算等新一代信息技术，建设高效、敏捷、
可复用的新一代数字技术基础设施，进一步加快企业上云步伐。
这一系列政策的出台，充分彰显了上云已经成为企业顺应数字化
经济发展潮流、实现转型的关键路径。

中国电信积极响应政策号召，将云计算作为重要的业务发展

中国电信上云历程

领域，坚定实施"云改数转"战略。经过十余年的不懈努力，中国电信成功打造了先进的云计算平台，研发了分布式数据库、统一访问层等核心组件，不断突破上云的关键技术，强化体制机制和队伍建设，全力推进科技创新。

中国电信构建了翼龙数字化底座，在核心 IT 系统上云试点的基础上，实现"新建 IT 系统 100% 上云，存量 IT 系统三年上云"的目标。借助 IT 上云的东风，中国电信全面开启业务平台上云，实现自动化、标准化、智能化和规模化的深度上云，在降本、增效、提质、保安全等方面取得了显著成效。同时，结合自身的上云实践经验，中国电信创新性地提出了上云"五步骤十流程"方法论，并打造了一套上云成熟度评估标准、一套赋能培训体系、一套开源治理体系、一个合作伙伴生态，推动 IT 架构、IT 人才等方面全面转型，显著提升了企业大规模上云效率。

为了深入推动国家企业上云计划的落实，全面总结并系统梳理中国电信上云用数赋智的最佳实践，中国电信上云用数赋智研究项目组精心打造了《腾云之翼——中国电信上云历程》一书。该书以时间为顺序，回顾了过去十余年来中国电信上云实践踔厉奋发、笃行不怠的发展历程，全面总结了中国电信上云的实践经验，深入介绍了全面上云的产品、经验和成果，积极探索可复制、可推广的企业上云路径。

本书旨在帮助更多处于数字化转型中的企业找到规模上云路径、制定上云方案、推进上云实施、达成上云目标、培养上云人才、保障云上运维和安全、实现业务和应用的敏捷开发和交付，从而加速企业上云进程，为全社会各行各业的数字化转型提供有力支持。

目 录

腾云之翼时间线

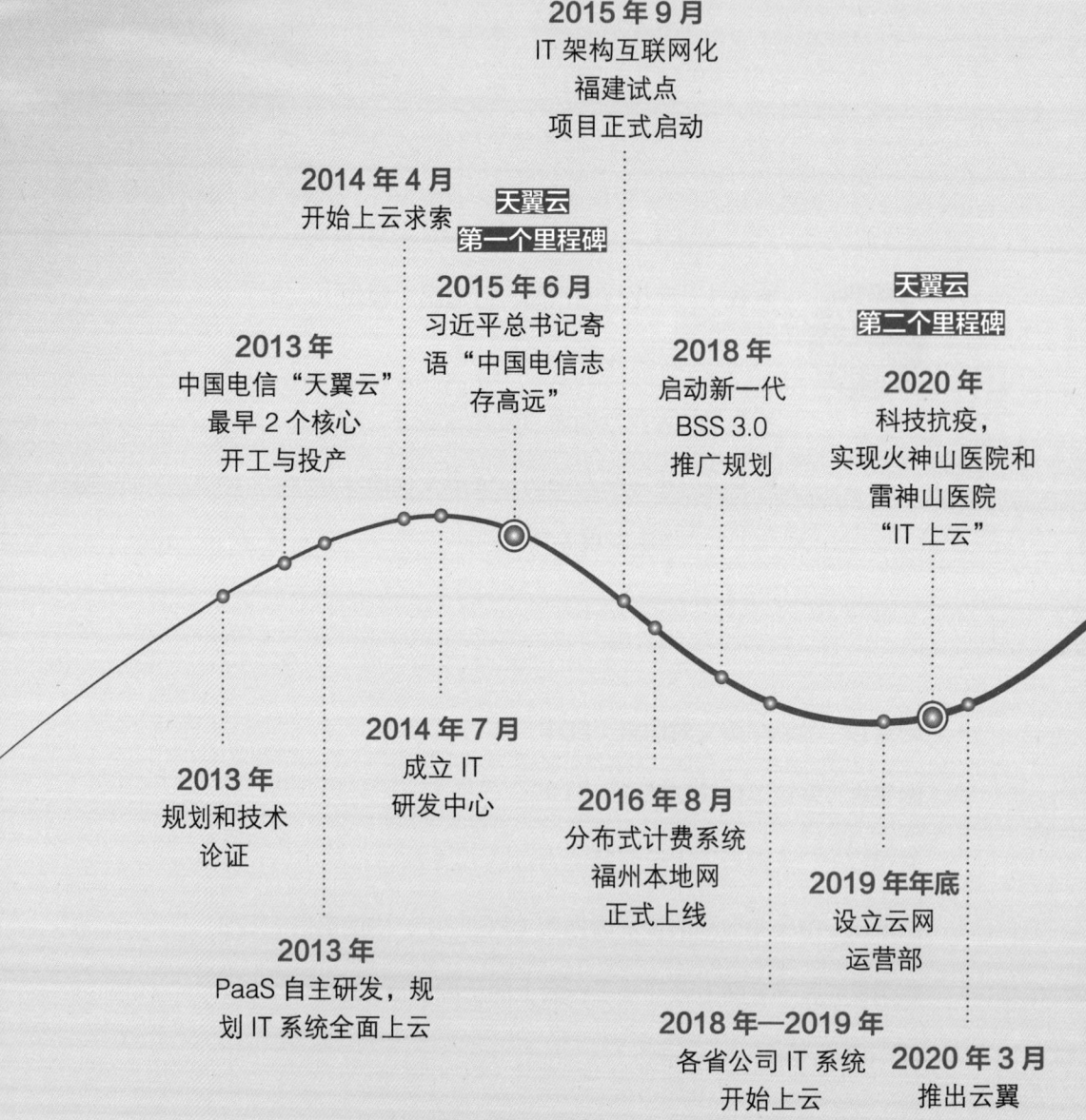

2015 年 9 月
IT 架构互联网化
福建试点
项目正式启动

2014 年 4 月
开始上云求索

天翼云
第一个里程碑

2015 年 6 月
习近平总书记寄
语"中国电信志
存高远"

2018 年
启动新一代
BSS 3.0
推广规划

天翼云
第二个里程碑

2013 年
中国电信"天翼云"
最早 2 个核心
开工与投产

2020 年
科技抗疫,
实现火神山医院和
雷神山医院
"IT 上云"

2013 年
规划和技术
论证

2014 年 7 月
成立 IT
研发中心

2016 年 8 月
分布式计费系统
福州本地网
正式上线

2019 年年底
设立云网
运营部

2013 年
PaaS 自主研发,规
划 IT 系统全面上云

2018 年—2019 年
各省公司 IT 系统
开始上云

2020 年 3 月
推出云翼

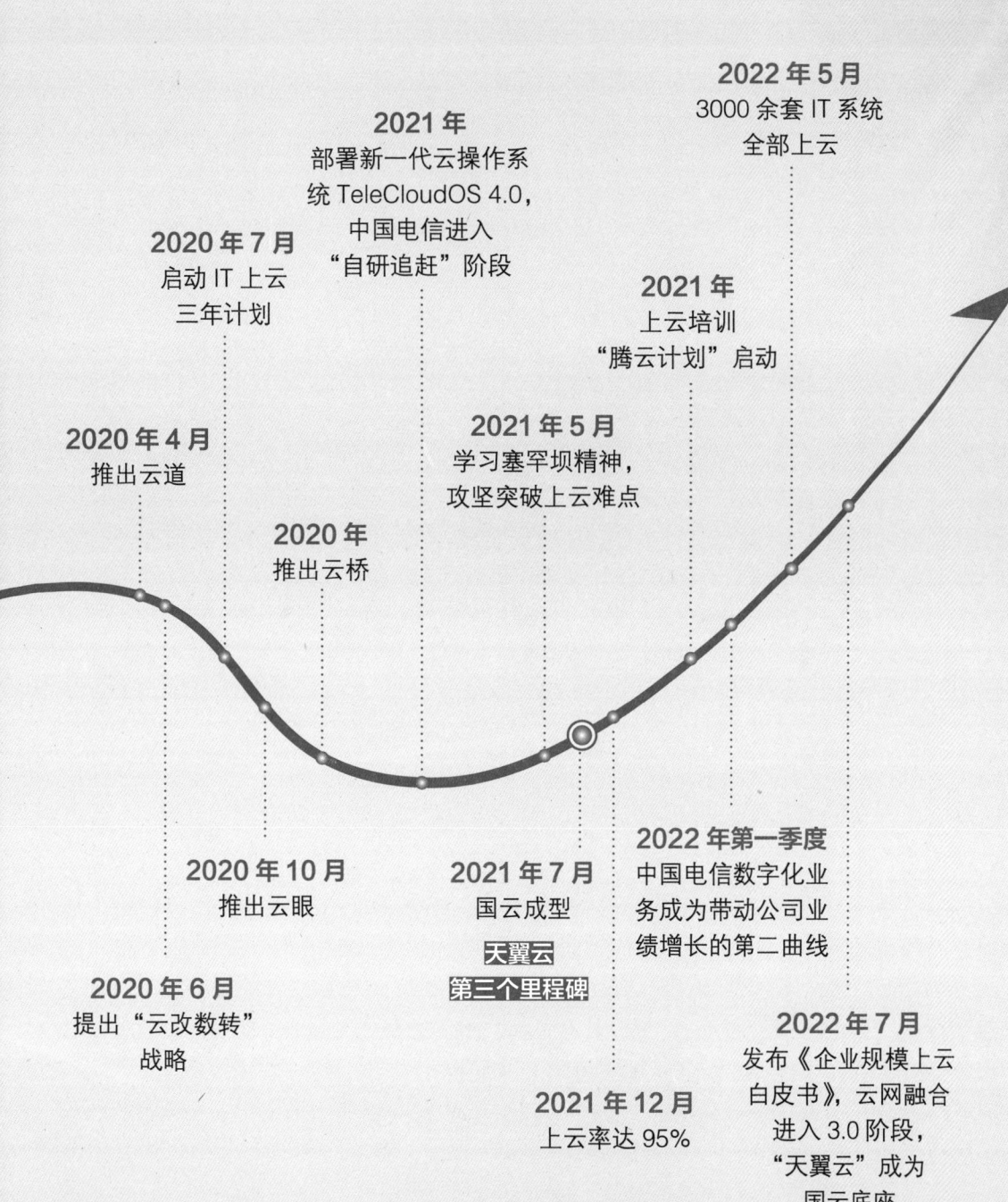

2022 年 5 月
3000 余套 IT 系统
全部上云

2021 年
部署新一代云操作系
统 TeleCloudOS 4.0，
中国电信进入
"自研追赶"阶段

2020 年 7 月
启动 IT 上云
三年计划

2021 年
上云培训
"腾云计划"启动

2020 年 4 月
推出云道

2021 年 5 月
学习塞罕坝精神，
攻坚突破上云难点

2020 年
推出云桥

2020 年 10 月
推出云眼

2021 年 7 月
国云成型
天翼云
第三个里程碑

2022 年第一季度
中国电信数字化业
务成为带动公司业
绩增长的第二曲线

2020 年 6 月
提出"云改数转"
战略

2022 年 7 月
发布《企业规模上云
白皮书》，云网融合
进入 3.0 阶段，
"天翼云"成为
国云底座

2021 年 12 月
上云率达 95%

第 1 章

取势

坚定实施"云改数转"战略，以自身的数字化转型推动全社会的数字化转型！

当今世界正经历百年未有之大变局，新一轮科技革命和产业革命席卷全球，变革与创新接踵而至，数字化浪潮势不可挡，数字经济成为重塑全球经济结构、改变竞争格局的关键力量。各国纷纷发布数字经济发展战略，发展数字经济、加速数字化进程已成为全球重要共识，加速工业时代历经百年形成的生活方式、经济体系、治理模式的变革，成为人类从工业经济到数字经济演进的重要分水岭，推动人类历史全面进入数字时代。

1.1　全球数字经济的竞争之势

近年来，大数据、人工智能、5G、互联网、物联网、VR/AR、区块链等技术加速创新，日益融入社会经济发展的方方面面。世界各国竞相制定数字经济发展战略，出台激励政策，数字经济发展速度之快、辐射范围之广、影响之深前所未有，正在成为重组全球要素资源、转变全球竞争格局、重塑现有经济结构的关键力量。

美国是世界上最早布局数字经济发展战略的国家。早在数字经济概念出现之前，美国就开始实施以计算机和互联网技术为重点的信息化战略，并于 1993 年启动著名的信息高速公路计划，这为美国在 20 世纪 90 年代到 21 世纪初信息产业高速发展奠定了基础。苹果、亚马逊、微软、谷歌等全球龙头数字企业诞生于美国，绝非偶然，与美国最先布局现代化信息网络紧密相关。与日本相比，美国在 20 世纪七八十年代的制造业，因创新缓慢而失去竞争优势。在家用电器和消费类电子产品方面，美国失去了不少市场，日本产品占足够优势。从 20 世纪 90 年代起，美国将发展重点转向以计算机和互联网为重点的信息技术产业，逐渐推动一大批基于尖端技术的新兴产业发展，在与日本的经济竞争中重新获得领先地位。近年来，美国加大了在数字经济领域的布局力度，采取了政府积极干预和扶持的做法，已出台的一些政策具有很强的竞争性和针对性。例如，在拜登政府出台的振兴经济的一揽子计划中，数字经济是重点，仅芯片方面的投资就高达 520 亿美元。特别值得一提的是，2021 年美国参议院通过的《美国创新与竞争法案》（USICA）主要聚焦芯片、5G、人工智能、云计算等核心技术和前沿方向，目标是使美国在数字经济领域保持其竞争优势。

欧盟虽然在数字经济领域相对落后，但抱着"亡羊补牢"的态度，出台了一系列加快发展数字经济的政策和规划。2021 年 3 月，欧盟委员会正式颁布《2030 数字罗盘：欧洲数字十年之路》计划，启动了迈向全球数字经济制高点的十年建设任务。该计划确立了到 2030 年的四项具体目标。

一是 80% 以上的成年人具备基本的数字技能，ICT 领域的

专业人才达到 2000 万人。

二是实现所有欧盟成员国内家庭的千兆宽带连接，所有人口密集地区实现 5G 覆盖，至少拥有全球半导体产值的 20%。

三是促进企业数字化转型，使 75% 以上的企业使用云计算、大数据或人工智能等技术。

四是推进公共服务的数字化，使所有公民能访问自己的电子医疗记录，80% 的公民使用数字身份证。

除了美国和欧盟国家，日本、韩国、英国、新加坡、以色列等国家也高度重视数字经济，力求在数字化转型浪潮中赢得某种先机。

面对世界百年未有之大变局，各国之间的竞争将会变得更加紧张和激烈，竞争的结果将决定许多国家和地区又一个百年的历史。数字经济正在以空前的发展速度改变全球经济的结构，推动全球要素资源的重新组合，必将成为影响全球竞争格局的决定性力量。

1.2　中国在数字经济时代的机遇与挑战

在世界范围内，每项重大技术创新都会为一些有准备的国家创造难得的发展机遇，继而改变国家命运。蒸汽机技术让英国率先完成工业革命，成为世界竞争力超群的国家；电气技术让美国成为科技强国和世界经济中心；在 20 世纪 60 年代兴起的微电子技术让日本经济崛起，并逐渐对美国形成竞争压力；在 20 世纪 90 年代兴起的以互联网为代表的新一代信息技术，又让美国重新占据竞争制高点，使美日经济之间已经缩小的差距又重新拉大。数字经济的兴起和发展正在为整个世界创造新的机遇，带来新的挑战，改变不同国家的命运。

中国经济规模大，市场广阔，应用场景极其丰富，具备了发展数字经济的良好土壤，这也是中国的经济发展尚未达到中等发达国家水平，而数字经济发展走在世界前列的重要原因之一。中国政府高度重视数字经济的发展，专门出台了《"十四五"数字经济发展规划》，预示着数字经济在未来有更大的发展空间。发展数字经济意义重大，是把握新一轮科技革命和产业变革机遇的战略选择。当今，数字技术、数字经济是世界科技革命和产业变革的先机，是新一轮国际竞争重点领域，我们一定要抓住先机，抢占未来发展的制高点。

与此同时，我们还要看到，我国虽然已是世界第二大数字经济体，但仍处在"大而不强"阶段。我国活跃的数字经济活动主要表现为网上购物、社交娱乐、平台应用等应用层面的商业模式，决定数字经济发展大局的一些硬科技还未被突破。为此，我国在进一步扩大数字经济规模的同时，还要推动数字经济朝高水平、深层次方向发展，不断做大、做优、做强数字经济，加快实施数字产业化和产业数字化战略，以强大的数字经济助推国家现代产

业体系建设。

首先，要在数字经济的硬科技方面实现有效突破，解决关键核心技术。所谓数字经济的硬科技，是指能够左右一个产业发展乃至整个经济形态发展方向的基础性和通用性关键技术，其他技术都是基于对这些关键技术的应用而产生的。例如，从硬件上看，所有数字技术都离不开集成电路（芯片）的开发和应用，处理的数据规模越来越大，对芯片的性能要求越来越高；从软件上看，任何移动互联网上的程序应用（手机 App）都离不开操作系统。正因为如此，华为公司立志开发具有自主知识产权的操作系统——鸿蒙。没有蒸汽机技术，就没有工业革命，蒸汽机技术就是早期工业化的核心技术。没有高端芯片、大数据、云计算、人工智能、量子信息等一批先进技术，数字经济的发展就会受到限制。对于一些重大数字技术，也许现在还用不到，但这些技术关系到未来的发展方向，必须提前布局。例如，以云计算为代表的新一代信息技术有望突破一系列的科技极限，给信息通信领域乃至于整个社会带来颠覆性的变化，引发新的数字革命，因此必须持续创新。

其次，将数字技术与实体经济深入融合，推动实体经济的数字化转型和升级。我国实体经济发达，产业门类众多，为数字经济提供了广泛的应用场景，为通过发展数字经济加快现代化进程提供了可靠的保障。与活跃的网络平台和轻资产的纯数字企业相比，我国实体经济的数字化程度比较低，有些企业还不知道"云"为何物，大量制造业企业还没有进入工业互联网阶段，产业数字化的发展滞后于数字产业化的发展。因此，我国必须大力推动数字经济与实体经济的融合发展，引导和促进实体经济企业广泛采用数字技术，推进制造业生产智能化，以建设工业互联网为切入点，整合优化研发、设计、生产、销售、售后服务全流程，用数字化、智能化、网络化全面带动传统产业升级。

在推进数字技术与实体经济融合发展的过程中，实施科技创新的主体是企业，这样可以避免创新链与产业链脱节。例如，晶体管、集成电路、智能手机、视窗操作系统这些在对应的时代具有里程碑意义的重要创新，都诞生于企业，甚至包括信息论、光纤通信的基础理论也诞生于企业。

再次，继续加大数字基础设施的投资，为数字技术和数字经济的快速发展建立起强大物质基础。我国的数字基础设施建设远远走在与我国处在同一经济发展水平的国家前面，这也是我国的数字经济发展领先许多发达国家的重要原因。在瑞士洛桑国际管理学院发布的 2024 年《全球数字竞争力排名》中，我国过去几年大多数的指标都有进步，但进步最大的是技术设施（Technological Framework），我国的这项指标排名从 2017 年的全球第 47 位上升到 2024 年的第 14 位。此外，我国的 5G 通信覆盖率全球第一，5G 通信基站数量占全球的 60% 以上，2019 年上海成为全球第一个"双千兆宽带"城市。我国的光纤网络、移动通信、宽带、数据中心等基础设施建设在国际上处于先进水平，在 5G 通信领域处于领先水平，大大促进了数字经济在我国的蓬勃发展。这是一种国家优势，也是一种体制优势。我国应当

继续发挥这种优势，在数字基础设施投资建设方面提前布局，适度超前，为数字经济的大发展奠定雄厚的物质基础。与此同时，结合"一带一路"倡议，我国应与"一带一路"沿线国家（地区）共同开发、建设数字基础设施，帮助这些国家（地区）早日充分享受数字文明。

最后，坚持并不断扩大对外开放，在广泛的国际合作中促进数字经济的繁荣。在经济全球化的大趋势下，数字技术和数字经济既是构筑国家竞争优势的高地，也是全球资源要素重组、国际科技和产业合作的重点领域。发展中有竞争，竞争中有合作。总的来说，数字技术发展到今天是国际合作与发展的结果。至少到目前为止，世界上没有一个国家能够凭一国之力将最先进的芯片生产出来。今天世界上最先进的芯片，可能是由美国（高通公司）或我国（华为公司）设计的，是由韩国（三星公司）制造的，制造芯片的机器是由欧洲（ASML公司）生产的，而生产这种机器又需要用到数十个国家和地区的技术。因此，先进数字产品的产业链实际上是全球要素资源整合利用的结果。越是在经济全球化遭遇逆流的关键时候，我们越是要坚持对外开放和开展国际合作，在发展本国数字经济的同时，谋求国际共同利益，促进数字经济的高效国际分工，帮助发展中国家消除"数字鸿沟"，为人类命运共同体的建设增添数字技术和数字经济的力量。

1.3 中国电信开启数字化转型的全新篇章

　　自 2004 年起,"转型"成为中国电信业持续了 20 年的重要话题。前期电信运营商在消费互联网领域的探索并未获得理想效果,传统业务增长态势乏力、利润率下滑等问题仍持续困扰着整个行业。后期随着相关技术的不断演进、国家战略的强力推动、全民数字素养的不断提升,传统行业的数字化进程加快,数字产业市场快速进入成长期。电信运营商抓住时机,开启自身数字化转型的新征程,积极布局消费互联网和数字产业市场,升级云网基础设施,打造新业务、新模式,赋能经济社会的数字化发展。

　　中国电信把握历史发展大势,顺应产业发展趋势,抓住关键战略机遇期。在 2020 年 6 月,中国电信提出"云改数转"战略,以自身的数字化转型,推动全社会的数字化转型;坚持"网是基础、云为核心、网随云动、云网一体"的云网融合发展思路,加强云网能力布局,加快构建云网融合的新型基础设施;坚定实施"云改数转"战略,勇担建设网络强国、数字中国,维护网信安全主力军的使命和责任;坚持党建统领、守正创新、开拓升级、担当落实,开创企业高质量发展新格局。

　　一是坚定目标与发展方向。在新时代背景下,中国电信坚定

中国电信上云历程

不移地推进"云改数转"战略,立足新发展阶段、贯彻新发展理念、构建新发展格局,最终实现高质量发展;以天翼云为基础,充分发挥云网融合的独特优势,加速新型基础设施的建设,积极抢抓数字经济发展机遇,为数字化转型注入活力;深化改革,坚决破除一切制约高质量发展和创新突破的体制机制障碍,以更加开放的姿态迎接挑战,拥抱变革。

二是注重科技创新与人才培养。科技创新是企业发展的核心驱动力,中国电信致力于打造科技型企业,勇当原创技术的"策源地"和现代产业链的"链长";通过不断完善创新体系,加强"产、学、研、用"的深度协同,优化创新生态,加快科技成果的转化与产业化进程;深入实施"人才强企"战略,激发广大科技人员的创新活力和担当精神,为企业的持续发展提供源源不断的动力。

三是安全稳定与发展保障。在追求发展的同时,中国电信始终坚守安全稳定的底线,加快打造安全型企业,确保云网安全稳定运行,为企业的数字化转型提供坚实的保障,为打造平稳健康的经济环境、国泰民安的社会环境、风清气正的政治环境贡献电信力量。

第 2 章

明道

将天翼云作为主业发展，早上云，早受益！

我国的电信运营商在 20 世纪 90 年代经历了移动通信"黄金发展时期",做专线、搞宽带、装固话……一时风光无二。但是近年来,电信运营商市场增长停滞,收入增长率和利润增长率双双下滑,语音和短信等传统业务的风光不再,数据流量增长和电信运营商增收不成比例,技术投资占比又不断攀高。电信运营商纷纷开始寻找新的市场增长点,而数字化转型既是其自身生存发展倒逼的应对之举,也是其拥抱数字经济的商业机会与信息变革的主动选择。

2.1 痛则变

2.1.1 发展之痛

1. 传统业务增量不增收

对电信运营商来说,传统业务主要包括移动数据流量业务、短信语音业务、固定互联网宽带接入业务等。由于手机移动用户数量的增长趋于平缓、互联网大厂的产品竞争加剧、落实国家"提速降费"的要求等因素，电信运营商的传统业务已进入增量不增收阶段。

工业和信息化部发布的《2023 年通信业统计公报》显示，2023 年，移动数据流量业务的收入为 6368 亿元，比上年下降 0.9%；固定语音和移动语音业务的收入为 185.3 亿元和 1108 亿元，比上年分别下降 8% 和 2.5%；固定互联网宽带接入业务的收入为 2626 亿元，比上年增长 7.7%。

移动数据流量业务是电信运营商最大的收入支柱，也是过去几年电信运营商整体收入增长的主要拉动力。尽管用户使用的移动数据流量在逐年增长，但在流量资费不断下降的大趋势下，依旧难挡收入增长颓势。2023 年，移动数据流量业务的收入第一次出现负增长。

短信语音业务受到互联网大厂 OTT 业务（如微信、QQ 等）的冲击，出现负增长已成为常态。往日电信运营商在通信价值链中的主导地位已经丧失，移动互联网时代整个产业链被拉长，电信运营商的利润被逐级分流。

固定互联网宽带接入业务的收入虽然仍在增长，但是业务增长是基于"砸钱""加人"的背景出现的，利润增长空间十分有限。

传统通信业务受行业发展阶段影响，已经处于下行区间，业务收入萎缩将难以避免。传统通信业务是利润的主要贡献区，一旦收入萎缩，将对电信运营商的利润造成严重的冲击。

2. IT系统传统烟囱式架构遭遇瓶颈

数年前，中国电信的IT系统以IOE"烟囱式"架构为主，这已不适应技术发展。烟囱式架构是一种传统的软件架构，它以一个核心系统为中心向外延伸，形成多个垂直的系统。每个系统都是独立开发、部署和维护的，也就是说，各个系统之间互相独立、互不干扰。因此，烟囱式架构也被称为"垂直架构"。

在烟囱式架构下，系统建设以业务驱动为主，初期可以快速满足业务需求，但也存在一些固有的问题。随着系统的数量越来越多，问题会越来越凸显。具体包括以下五个方面的问题。

一是IT投入产出比低。在信息化初始阶段，IT建设主要是为了填补系统空白，给用户带来"从线下到线上""从0到1"的转变，业务成效较为明显；到了在线化阶段，IT主要系统已经基本建成，后续工作主要是系统升级和功能堆砌，有价值的能力不能被开放共享，IT的投入越来越大，用户能感知的变化却越来越少。同时，由于烟囱式架构系统独占资源、相对封闭，因此存在资源利用率低、基础设施重复建设等问题。

二是业务响应速度慢。一个业务需求往往涉及多个系统，各系统的开发能力、忙闲程度不一，往往导致一个需求需要数月才能上线。同时，由于系统开发、测试、发布均由手工操作，因此缺乏在线管控能力，经常因版本质量问题导致故障。

三是跨系统数据分析困难。由于缺乏统一的数据模型、数据编码、数据标准、指标口径，存在大量"数据孤岛"，各系统之间数据的一致性、可关联性、可复用性差，互联互通难，数据分析、挖掘、共享困难。

四是系统运维难度大。由于系统的技术路线不一、组件类型众多，系统间接口关系复杂，监控分散，导致故障难以被快速发现、定位和处理。部分系统在传统架构下难以突破性能瓶颈，部分系统甚至因开发商问题导致无法维护和升级。

五是安全防护成本高。体系化的安全防护需要全面覆盖终端、网络、主机、数据库、中间件、应用系统等各类安全资产，实现对安全威胁的智能感知、研判和处置。技术架构各异、技术组件众多，导致安全问题离散化，难以被集中整治。

2.1.2　像抓"光改"一样抓"云改"

从 2011 年开始，光纤宽带席卷而来，光纤化改造（简称"光改"）势头迅猛。电信运营商抓住了机遇，不仅推动了全社会的"光改"步伐，还驱动了自身的光纤化进程，服务能力、运营效率得到大幅度提升。

2018 年，工业和信息化部印发《推动企业上云实施指南（2018—2020 年）》（简称《指南》），全面推动企业利用云计算加快数字化、网络化、智能化转型，推进互联网、大数据、人工智能与实体经济深度融合。《指南》要求，到 2020 年，力争实现云计算在企业生产、经营、管理中的广泛应用，全国新增上云企业100 万家。

中国电信上云历程

　　云计算技术的成熟和社会数字化进程的加快，对处于转型升级期的电信运营商来说是难得的机遇，云服务市场是不可或缺的业务新增长点和价值"增长极"。因此，2019年年初中国电信提出要像抓"光改"一样抓"云改"。

　　首先是网络基础设施的"云改"。随着网络智能化进程的加快，构建以软件定义网络（SDN）/网络功能虚拟化（NFV）技术为基础、以云数据中心为核心载体的未来网络架构，成为电信运营商实现互联网化、数字化转型的有效手段。电信运营商将进一步完善云资源布局，以云为中心优化网络，通过网络上云工程，使得网络更简洁、管理更集约、业务更敏捷、系统更开放。

　　其次是运营体系和流程的"云改"。电信运营商将提升运营智慧化水平，包括云、网、IT支撑系统之间的协同改造，在内部的组织管理体系和业务交付平台上实现真正的数字化、软件化，实现一站受理、快速开通、及时响应、有效支撑。

　　最后是业务和服务能力的"云改"。在需求方面，"上云"的内容逐渐从资源上云向管理上云、业务上云、数据上云、整体上云演变。电信运营商必须快速适应这一变化，加强合作，拓展业务生态化空间，提供"云+网+端+用+服"的一站式服务。

　　从"光改"到"云改"，不仅是电信运营商自身提质增效、能力提升的重要途径，而且是其开辟数字化市场、更好地服务社会数字化转型的先行之举。

2.1.3　像提供水电一样提供云网服务

在业界，中国电信是最早提出"云网融合"理念的综合智能
信息服务运营商。2016 年，中国电信正式提出"云网融合"发
展理念。2018 年,中国电信发布业界首批关于云网融合的白皮书。
2020 年，中国电信发布《云网融合 2030 技术白皮书》，进一步
提出"网是基础、云为核心、网随云动、云网一体"的云网融合
发展思路，并明确了"云网协同、云网融合、云网一体化"的三
阶段发展路线。

云计算改变了数据中心的传统网络。传统数据中心网络以南
北流量为主，云计算数据中心网络以东西流量为主。云计算数据
中心网络在网络配置、安全配置等方面，都较传统数据中心网络
发生了很大的变化。中国电信作为一个云和网综合服务提供商，
不仅解决了传统数据中心网络以南北流量为主的问题，还解决了
云计算数据中心网络以东西流量为主的问题，充分发挥了云和网
结合的优势。

在云建设方面，中国电信按照国家一体化大数据中心枢纽节
点的布局与建设要求，进一步完善"2+4+31+X+O"的云和大
数据中心布局，建设梯次分布、云边协同、多种技术融合、绿色
集约的新型信息基础设施。在内蒙古和贵州 2 个全国性云基地打
造融合资源池，在京津冀等 4 个区域建成大规模公有云，在 31

个省（自治区、直辖市）的省会和重点城市建设属地化专属云，在 X 节点打造差异化边缘云，布局"一带一路"沿线国家，将算力体系延伸至海外。

在网络建设方面，中国电信采用专线或者专网将本地私有云资源与公有云资源之间的链路打通，建立混合云（私有云与公有云混合使用）场景。混合云场景融合了公有云与私有云，是近年来云计算的主要模式和发展方向。出于安全考虑，企业更愿意将数据存放在私有云中，但是同时又希望可以获得公有云的计算资源，在这种情况下，混合云被越来越多地采用。这种有针对性的解决方案，达到了既省钱又安全的目的。

中国电信采用云间高速将同一个云服务商提供的云资源池之间的链路打通，建立跨云资源池应用场景。在这种应用场景下，数据的通信质量能够获得保证，因为整个云资源不会与公网有信息交互，是完全基于云服务商或电信运营商的专网。由于云间的所有通信都被限定在电信运营商或云服务商自建的基础设施内，同时在不同的租户之间还能够实现互相隔离，因而保证了数据的私密性和安全性。

中国电信通过云专线、云专网和云间高速等，将私有云、专属云、公有云、不同云服务商提供的云之间的链路打通，建立混合多云（私有云、专属云、公有云、不同云服务商的云混合使用）场景，如图 2-1 所示。对企业来说，不将鸡蛋放在同一个篮子里，或许是规避风险的一个比较好的选择。基于对自身利益的考量，很多企业会同时选择多家云服务商的产品，从而避免因集中化引发的风险。在这种应用场景下，用户同时与多家云服务商合作，需要满足其与多个云资源池之间通信的需求。

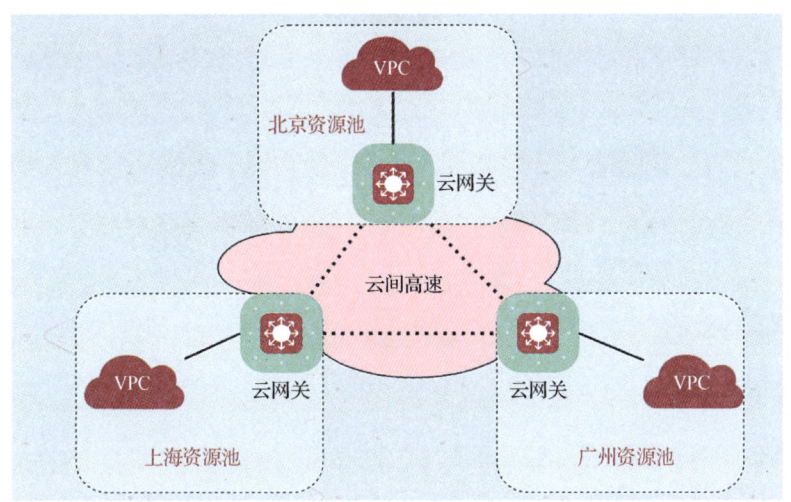

图 2-1　混合多云场景示意图

未来，混合多云场景将成为主流。对大多数企业来说，混合多云场景的经济成本最低、收益最高。同时，随着人工智能、大数据、区块链等技术的不断发展，智慧城市、智能制造、智慧生活、AR/VR、自动驾驶等新业务的发展，也将不断推动云服务的改善和升级，进而推动云网融合的进程。云网融合未来将在很大程度上以满足用户需求为标准，向着更加契合用户需求的方向不断发展。云网融合将应用、云计算、管道和客户连接起来，提供端到端、完整、灵活、可扩展的方案，为客户提供"云、管、端"一体式服务，如图 2-2 所示，让客户使用云网资源就像使用水电那样便捷。

中国电信上云历程

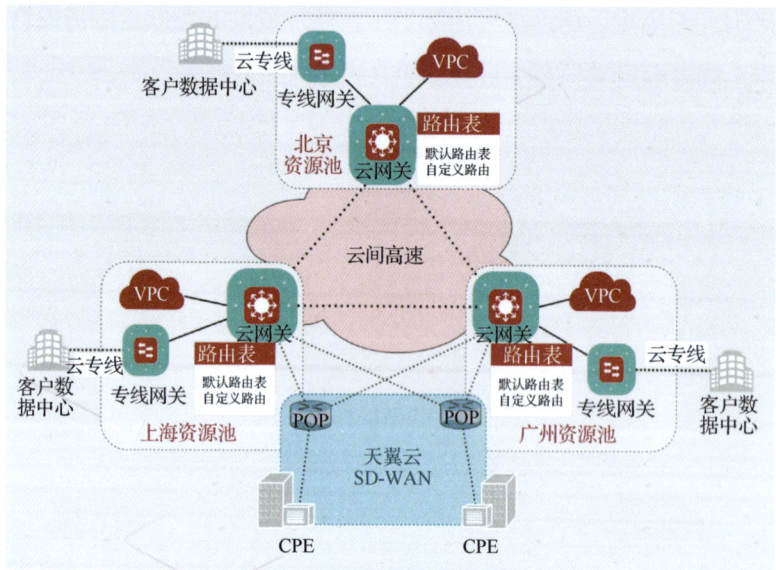

图 2-2　"云、管、端"一体式服务示意图

2.2　变则通

2.2.1　云为主业

随着数字化的提速，企业上云需求变得更加迫切。据美国 IDC 公司预测，2024 年中国整体云计算市场规模将超过 1000 亿

024

美元。在传统业务增长放缓之时，云计算成为电信运营商新的增长点。作为全球云服务能力排名第一的电信运营商，中国电信"天翼云"的发展始终保持着高增长的态势。2020 年中国电信全网云业务收入达到 138 亿元，同比增长 58.4%，在中国公有云市场中的所占份额继续位居前列。

2020 年 11 月 8 日，中国电信将云计算服务打造为中国电信的新主业，这既是企业生存发展的内在需求，也是国家需要。2021 年中国电信部署 10 万台服务器，并扩展部署 MEC/ 边缘云业务。在云数据中心基础设施建设方面，中国电信聚焦京津冀、长三角、粤港澳、陕川渝四大重点区域，新建机柜 5.2 万个，其中自建机柜为 2.2 万个，成为国内第一个推进"云网融合"的电信运营商。

机构整合，广纳英才。中国电信整合云计算分公司、上海 IT 研发中心、广州 IT 研发中心、云计算内蒙古分公司、云计算贵州分公司 5 个单位，成立天翼云科技有限公司，集建设、研发、运营、生态合作和销售服务于一体，布局北京、上海、广州、成都、厦门五大研发中心。天翼云引发人才"磁场效应"，大量高科技人才纷纷加入；同时制订面向应届生培养的"云翼计划"，大量高校优秀毕业生也纷纷加盟。这些"95 后"，甚至"00 后"在进入公司后，通过实战磨炼迅速成长为团队技术骨干。如今，天翼云科技有限公司的员工中 70% 以上都是研发人员，高级研发人员占比 54%，其中约 49% 是"85 后"，形成了一支学历背景优、创新能力强、从业背景好的高素质科技人才队伍。

中国电信上云历程

资源倾斜，打造主业。中国电信投资的重心由网转向云。2021 年中国电信重回 A 股，募集资金 1021 亿元，将其中的 80% 投入了以云网融合为代表的新主业。一方面，网随云动，以云为核心，加大云间网络和入云专线投资，三年投入 500 余亿元，聚焦天翼云、数据中心等基础通信网络智能化升级，夯实云网安全底座，建设数字化云网运营平台，满足公有云、专属云和边缘云发展及客户便捷入云的需求。另一方面，中国电信优化资本支出结构，以 2021 年为例，网络基础设施方面的资本支出同比下降 12%，而产业数字化方面的资本支出同比增长 67%，主要被用于云和 IDC 基础设施的布局。

生态聚合，筑巢引凤。云业务的发展离不开产业链上下游企业的通力合作。中国电信与生态合作伙伴共同打造"云汇计划"和"云创计划"。"云汇计划"旨在联合应用、解决方案合作伙伴，围绕央企应用、产业应用、云边应用和云端应用四大方向，不断丰富应用种类，提升用户体验，促进产业发展。"云创计划"旨在聚合技术合作伙伴，聚焦云原生、云网络、云存储、云终端、定制硬件 5 个领域，推动其与生态合作伙伴在云计算基础软硬件方面更广泛、更深入地合作。例如，中国电信对云计算 IaaS 服务商 ZStack 进行战略投资，与 ZStack 一同聚焦国产化云平台及生态的培育和构建，打通企业数字化转型的入口。如今中国电信携手 2000 多个生态合作伙伴，服务 300 余个政务云平台项目，协助 8000 余家医疗机构上云，服务 200 余万个行业客户，打造了 1000 余个智慧城市项目……

2.2.2　早上云，早受益

2020 年 6 月，中国电信召开了历时一周的战略研讨远程视频会议，寻找第二增长曲线——云计算，并初步提出"云改数转"战略。"云改数转"战略的第一个载体便是 IT 上云。

2020 年 7 月 16 日，中国电信召开全国视频会议，全面部署将内部 IT 系统迁移到天翼云的行动计划，并设定了"新建 IT 系统 100% 上云，存量 IT 系统三年上云"的任务目标。中国电信选择"数字化转型，IT 上云先行"的路径，彰显了其进行数字化转型的决心，通过内部 IT 上云，先行先试，推动其在云计算领域的发展与创新。中国电信不忘初心，以高质量党建工作促进高质量"云改"，以 IT"云改"效果检验党建质量。中国电信必须站在时代发展的高度，做云建设云应用的先行者和引领者，以实践和能力做"新四化"的赋能者。

在上云进程中，中国电信以实现"业务上云、生产上云、管理上云、数据融通、能力开放"为目标，在 2022 年实现了系统全面上云，为"用数"和"赋智"夯实基础。通过上云，中国电信锻炼了数字化人才队伍，沉淀了平台能力，打造了上云工具，实现了 IT 自身的转型。通过上云，中国电信基于全网统一的数字化底座，进行业务的敏捷创新，不但实现了降本增效提感知，还突破了长期以来制约系统性能提升的天花板，并解决了依赖国

外软硬件带来的安全性问题，从而从根本上提升企业竞争力和安全性，赋能企业的数字化转型和高质量发展。

中国电信全集团 46 家单位全面使用天翼云，天翼云每天能接收来自全集团的几十个迭代需求，敏捷开发，同步开展十几个现场的持续交付。通过内部大规模实践，天翼云不断优化、多方适配和完善，在性能、并发、功能方面不断缩小了与业界头部云商的差距，而且形成了独有的属地化服务和差异化优势，这些属地化服务和差异化优势同样可以服务于大型企业的数字化转型。中国电信深信，唯有不断自主进行技术攻关、持续实践与创新，才能推动技术的不断进步，为国家数字化发展贡献力量。

2.3　通则达

中国电信一直非常重视云计算的开发与应用，在全球的电信运营商里面，最早布局云计算，并一直坚守。亚马逊在 2006 年开始提供云服务，阿里在 2009 年开始提供云服务，中国电信在 2009 年发布了"翼云计划"，当时采用了以商业化软件为主、"承载底座外购、管理平台自研"的服务策略。从 2012 年开始，中国电信成立云计算分公司，国内首家运营商级的云计算公司就此诞生，集约化运营中国电信的云业务。经过十多年的发展，中国电信不断加大基础设施投入和研发投入，将天翼云打造为全球最大的运营商云。这期间天翼云主要经历了习近平总书记寄语"中国电信志存高远"、科技抗疫，实现火神山医院和雷神山医院"IT上云"、国云成型三个里程碑事件。

2.3.1　志存高远，天翼云发展进入快车道

2015 年 6 月 17 日，习近平总书记在贵州视察期间，莅临天翼云贵州信息园，寄语"中国电信志存高远"。

从 2018 年到 2020 年，天翼云推出自研产品，夯实自研技术，将产品线拓展至 PaaS、大数据、大视频和人工智能领域，并在云电脑等自研产品上取得行业局部领先。中国电信内部 IT 系统全面上云的历程，也对应了天翼云快速发展的一个时期，可以说正是中国电信内部的数字化转型需求，驱动了天翼云的创新和发展。当中国电信内部 IT 系统上云全面完成时，天翼云也经过锤炼，走出了一条依靠科技创新取得高质量发展之路。

2.3.2　科技抗疫，天翼云使命担当

2019 年年底到 2020 年年初，新冠疫情肆虐，此时电信挺身而出。在关键时刻站出来，天翼云勇担央企使命责任，在抗疫过程中发挥了中流砥柱的作用。

　　"如果把抗疫比作一场战斗，那么天翼云一直奋战在战火最激烈的第一线，每一位天翼人都经受住了战斗的考验。"2020年中国电信天翼云依靠云计算、大数据、人工智能等新兴数字技术，在疫情检测、分析、防控救治、病毒溯源、资源调度等方面大显身手。

　　按小时交付，天翼云打响"武汉保卫战"。疫情就是命令，时间就是生命。天翼云用科技助力武汉人民打赢了三场战"疫"。

　　第一场战"疫"：48小时完成迁移，访问能力提升10倍。

　　在疫情公告发布当天，武汉市卫生健康委员会官网的访问量巨大，吞吐量暴增，网站处理能力急需提升。天翼云及时响应，在48小时内完成武汉市卫生健康委员会官网网站的业务迁移，将业务从私有云迁移到天翼云上，使并发访问能力提升了10倍，达到1000万次的并发，保障了武汉市政府各部门能够及时、透明地发布抗疫信息。

　　第二场战"疫"：云化部署模式，48小时向火神山医院交付云资源。

　　武汉医疗资源全面告急，必须在最短时间内建成雷神山、火神山两座医院，医院信息化建设面临着严峻的考验。在此关键时刻，中国电信临危受命，迅速响应。云化部署模式让医院信息化系统"按小时交付"成为可能。在短时间内一座医院拔地而起，火神山医院的IT系统建设选择了云化部署模式，火神山医院使用武汉市卫生专网和其他医疗机构进行网络联通，并保障安全性，快速完成了内网标准化建设。

　　从2020年1月24日到26日，天翼云打破了传统资源最快 15 天交付的纪录，仅用 48 小时就实现了火神山医院业务系统的全面上云。中国电信将火神山医院的 IT 系统建设进行合理拆解，按照云、网、数据中心三项进行模块化设计，缩短了交付时间，并利用云资源实现了快速化的部署。火神山医院上云的模块化设计，为雷神山医院的快速上云打好了基础。雷神山医院业务系统的复制用了不到 1 天的时间，创造了医疗业务系统上云的中国速度。

第三场战"疫"：5 ～ 10 分钟阅片时间降至 1 分钟，大幅提高检测效率。

在病毒检测上，CT 影像为重要诊断检测方式之一。为提高 CT 肺片的诊断筛查效率与诊断精度，天翼云推出 AI "智能阅片"小助手。利用天翼云的 GPU 算力和 AI 算法，阅片时间从人工的 5 ～ 10 分钟降至 1 分钟，准确率超 90%。这在节省医务人员阅片时间的同时，也减少了感染风险。不仅如此，天翼云还向全球亿万云监工直播了火神山医院建设的全过程，天翼云的慢直播点播次数超过 1 亿次。

天翼云在疫情中的突出贡献，彰显了中国电信的使命担当，以及科技抗疫的速度与力量，赢得了社会各界的肯定。从"半部电台"到"云监工"，"红色电信"肩负起了更多使命光荣、责任重大的科技创新工作。红色电信从诞生起就为党政军服务，在党的领导下发展壮大，从中央苏区的"半部电台"到科技抗疫的"云监工"，从投身"数字福建"建设到实施"云改数转"战略建设数字中国，时代在发展，技术在进步，始终不变的是电信人听党

指挥、信念坚定的无限忠诚，一心为民、用心服务的优良传统，坚守初心使命、变革创新、锐意进取的责任担当。因此，中国电信要把红色电信资源利用好、把红色电信传统发扬好、把红色电信基因传承好，从红色电信精神中汲取砥砺奋进的力量，不忘初心再出发，牢记使命勇担当。

这期间，天翼云推出全栈混合云、云原生数据库、云手机、云电脑、云桌面、天翼云诸葛 AI 开放平台等，充分彰显了天翼云自主研发的实力。智能视频云平台、天翼云原生 5GC 方案的推出，验证了天翼云在云网融合技术方向取得的突破。

2.3.3 国云成型，天翼云收入翻番

2021 年 7 月 1 日，中国电信完成"分改子"（即将分公司改制为子公司），成立天翼云科技有限公司。同年 11 月 30 日，在国务院国资委的指导下，四大央企战略投资天翼云，支持其以更灵活的机制体制拓展市场。

如今，天翼云 4.0 进入了全面商用阶段，逐步成为一朵分布式的云、一朵自主可控的云、一朵安全可信的云、一朵开放合作的云、一朵离客户最近的云。

一朵分布式的云。依托云网操作系统，天翼云 4.0 按"2+4+31+X+O"进行布局，使中心云与边缘云实现技术架构同源、统一调度、统一运维。在中心侧，针对不同业务场景，天翼

云丰富的云产品可以在边缘节点部署和交付，依托中国电信从总部、省公司、市公司、县公司到乡镇公司的五级穿透运营服务体系，提供云服务，这也是天翼云有别于其他云商的差异化优势。在边缘侧，天翼云提供本地轻量化的敏捷云 ACS、智能边缘云 ECX、超融合一体机 iStack、边缘盒子 iBox 等边缘产品，将算力延伸至边缘节点、客户节点及业务现场，更好地适应数据驻留和低时延等应用场景。天翼云作为运营商云服务的代表，天生在网络基础能力方面具备差异化优势，通过发挥云网融合优势，成为业界"最懂云的网和最懂网的云"。天翼云通过 DCI 专用骨干网络，帮助客户实现云间高速互联、31 个省（自治区、直辖市）的全网资源覆盖，让云服务近在客户眼前，客户可以自由选择最佳的云服务承载地。天翼云成为一朵名副其实的离客户最近的云。

一朵自主可控的云。以云操作系统 TeleCloudOS4.0 为突破口，天翼云向下攻关至基础软硬件技术，向上攻关至高阶 PaaS 技术，涵盖自研紫金 DPU、服务器操作系统 CTyunOS、云原生数据库 TeleDB 等核心技术。TeleCloudOS4.0 摆脱 OpenStack 开源框架千台服务器的管理限制，具备对数万台服务器的管理调度能力，稳居业内第一阵营；其中弹性计算单集群支持虚机 50 万台，存储支持百万级 IOPS、亚毫秒级 IO 延迟。自研紫金 DPU 将计算、存储、网络、安全等虚拟化组件全卸载至 DPU，实现算力零损耗、不同算力服务器即插即用，解决了云计算虚拟化后性能下降、不同 CPU 平台虚拟化适配难度大等问题。服务器操作系统 CTyunOS 基于 openEuler 20.03 LTS 版本，充分结

中国电信上云历程

合开源社区的能力，针对云计算场景推出了深度优化的定制增强版本。自研的操作系统支持 CentOS 向 CTyunOS 升级，已部署 5 万套。自研的 TeleDB 数据库沉淀了种类齐全的系列产品，逐步攻克云原生、HTAP、容灾等数据库关键技术，形成安全可靠、极致弹性、金融级高可用、AP/TP 混合负载四大核心能力。TeleDB 数据库全面国产化并进入 XC 图谱，支持千万级并发和 PB 级数据处理，承载了十亿个用户、千亿级话单的电信业务，并在 50 余家企业获得规模使用。天翼云已全面实现全栈技术的自主可控，性能和可靠性达到国内先进水平。

一朵安全可信的云。天翼云具备一云多芯差异化特征，全面支持国产化主流芯片架构和国产操作系统。天翼云可同时管理 X86 和 ARM 架构的服务器，以及管理海光、鲲鹏、飞腾等多种架构的服务器和麒麟、统信国产操作系统，面向国产服务器、数据库、应用等均已完成适配。天翼云可使客户根据自身需求自主选择应用运行需要的 CPU 架构和平台，实现核心基础设施的安全可靠。

一朵开放合作的云。天翼云 4.0 正在全面升级产业生态圈，其产业生态圈包括中国电子、华为、英特尔、中兴、用友等重要的产业伙伴。在业务协同方面，天翼云打造中国电信生态合作的能力底座，以及数字生活、天翼物联等六大协同平台；在产业协同方面，天翼云聚焦国产化领域的技术应用创新，同时推进产业链上下游深度协同；在创新协同方面，天翼云加强开源社区的研发合作，携手国家级科研机构推进自主创新；在资本协同方面，天翼云携手中国电信投资公司和 9 家产业基金公司，在"十四五"期间将带动千亿级资金，支持生态合作伙伴的创新孵化。目前，中国电信已具备包括 IaaS、PaaS、SaaS 在内的 2000 多个生态合作伙伴，共同推进数字新基建的繁荣。

年收入连续翻番。从 2020 年的 138 亿元，到 2021 年的 279 亿元，到 2022 年的 579 亿元，到 2023 年的 972 亿元，天翼云的年收入几乎连续三年翻番增长，逼近千亿元。然而早在 2012 年天翼云的起步阶段，天翼云的年收入只有 4000 万元。历经十余年，天翼云的年收入实现了 2400 倍的增长。

2022 年 8 月 3 日，《人民日报》发文，"天翼云作为国云的框架基本成型"。2023 年，天翼云作为国云的框架全面成型。

十年磨一剑，如今天翼云已经成长为全球运营商云第一、中国政务云第一、专属云服务市场第一，是国内 TOP3 云服务商中的唯一央企。2023 年，天翼云的营收规模已经达到中国电信总营收规模的 20%。可以说，中国电信已经成功打造第二增长曲线，云计算已经发展成为中国电信的主要业务之一。

第 3 章

求索

在科技创新的道路上，担当是第一位的！

中国电信上云历程

从 2014 年开始，到 2022 年 IT 上云全面完成，中国电信走过了 9 年的上云求索之路。这 9 年的上云求索之路，是传统 IT 系统 IOE "烟囱式" 架构云化的真实写照，也是 IT 自身变革和转型的涅槃重生。从选择自研攻关、成立 IT 研发中心、新建系统自证可用、选择核心系统试点，到 31 个省（自治区、直辖市）全面应用云化架构，中国电信付出了巨大努力，每一步都走得踏踏实实，每一步的胜利都坚定了科技创新的信心与决心，这正是敏捷科技创新的精髓。

3.1　IT 转型，选择自主研发

在上云以前，中国电信的 IT 系统采用的都是 IOE "烟囱式" 架构，存在诸多问题。例如，烟囱式架构存在易形成 "数据孤岛"、多点复杂交互、业务上线周期长、系统性能瓶颈、系统架构缺乏弹性、横向扩展难等问题，尤其是在月末、月初业务高峰期性能不足，影响业务发展和客户体验。但仅仅为了解决这些问题就进行 IT 架构改革，业务驱动力不足。2013 年 4G 来了，4G 给中国电信提供了一个业务全网集约运营的机会，但业务全网集约运营需要一套集中的 IT 系统。这个系统要承载全集团上亿个用户、千亿级话单，彼时的 IOE "烟囱式"架构是扛不住的。当时淘宝采用的是分布式架构，但电信运营商的 BSS 系统比消费互联网的流程和逻辑复杂很多，主要面临四个方面的难题。一是要有一套分布式数据库，以解决当时 Oracle 数据库的性能天花板的难题。二是海量数据路由的难题。三是 BSS 系统在架构云化后稳定运行的难题。四是科技创新和新技术使用缺乏掌握新技术的人才的难题。

面对这些难题，中国电信人深感急需对 IT 系统的架构进行重新定义和设计。当时有多种不同的意见，比较有代表性的意见主要有两种：一种是像 12306 铁路购票系统一样，引用互联网公司的技术和架构；另一种是像互联网大厂一样，采用底层技术和架构自主研发。前者已经有人"踩过坑"，风险和进度相对可控；后者不确定因素多，风险大，特别是当时中国电信还没有一支完整、独立、自主的研发队伍，并且国内外电信运营商都没有类似经验，可谓是"明知山有虎，偏向虎山行"。

2014 年，中国电信开始了上云求索的历程。

2014 年 4 月 ~ 7 月，中国电信邀请了主流互联网公司的专家进行交流、授课，并集中 IT 骨干人才进行了为期 3 个月的深入研讨和论证，对标主流互联网技术平台，设计了"核心架构自主掌控、关键技术自我创新"的蓝图。同时，中国电信紧密结合电信业务的特点，有针对性地推出自主研发的"基础组件 + 计算框架"技术路线，决定以"全新的互联网化 IT 架构变革"这一

指导思想来引导整个上云历程。面对新形势，核心技术自主可控成为非常重要的因素，促使中国电信走上了自主研发之路。一方面，中国电信以统一的企业级云能力平台为核心来构建集中、开放、云化的 IT 架构；另一方面，中国电信组建自主研发平台队伍，开放合作，实现 IT 架构变革，形成全新的行业合作生态。

3.1.1　IT 架构转型，集中、开放、云化

IT 云服务能力平台作为翼龙数字化底座的雏形，是核心的 IT 架构集中平台。通过该平台提供的能力和采取的平台化实施，能够实现 IT 资源的高效利用、数据的充分共享及架构的自主掌控。尽管基于去 IOE 架构的 IT 云服务能力平台在互联网行业被广泛应用，但电信运营商和互联网行业的业务模式之间存在巨大差异，因此在电信运营商支撑领域尚缺乏大规模应用案例。如何构建一个适应电信运营商支撑系统的云服务能力平台，是业界公认的难题，也是一项需要探索的工作。

研发与应用中国电信 IT 云服务能力平台（简称"平台"）是一项崭新而难度极高的任务，不是随随便便通过 PC 和一些开源技术就能实现的。一方面，要具备高水准的互联网 PaaS 平台能力；另一方面，要贴近企业实际，解决企业问题，并为全网 IT 集中做好技术准备。中国电信投入了大量的人力进行各组件的研发，并经过高强度的测试，成功开发了服务框架、结构化数据服务、

小文件服务、密集计算和事件驱动等多个组件，实现了多项技术创新，平台能力成熟完备。

1. 技术路线：自主可控，技术创新

中国电信确定了"核心架构自主掌控，关键技术自我创新"的 IT 改革方向，为自主研发路线制定了四个标准。一是平台能力完备，具备实现企业主要业务场景的底层能力，以实现高性能、高并发、高可靠、可运维。这就需要突破当前主要掌握在别人手中的核心技术，具备源码级的优化和掌控能力，迎难而上，扫除一般中小平台团队的两个弊病："绕着走"，即不敢触碰核心技术（如分布式数据库），把问题"扔给"应用端；"改不动"，即只具备开源产品的使用和集成能力，无法优化提升，甚至落入开源的 Bug 陷阱，影响业务。二是平台能力被以 SDK 或者服务的方式提供给应用端，支撑不同的应用厂家基于平台快速构建应用，降低应用成本，约束厂家行为。三是针对企业的典型业务场景，开发特定的框架或方案。实际上其他电信运营商已经尝试过用互联网现成的主流平台来承载 BSS 系统，但效果不理想，不是技术不好，而是缺乏深刻理解企业业务和运营实际的技术专家来进行创新性的设计和实现。四是平台要有高性价比，能够持续演进，为企业创造价值。在平台建设中，中国电信要求不管面临多大困难，都要坚持走开源和自主研发的路线，全部采用低成本 PC 来构建平台，以降低应用构建的总体成本。

2. 小试牛刀，集中云化的DPI查询应用一个月上线

2015 年，随着流量时代的到来，手机用户最大的困惑之一便是，自己刚刚购买的 10G 流量，很快就用完了。于是，大量用户纷纷到客服人员那里投诉，客服人员却解释不清用户的流量去哪里了。为快速解决全集团面临的大量用户因流量而投诉的难题，中国电信需要在短时间内提供 DPI 流量查询应用，供全集团使用。因此，中国电信借鉴互联网经验，从企业业务特性和 IT 全网集中的关键场景出发，确定了平台的五个核心组成部分，即云资源池、数据服务、计算框架、组件服务和运维中心。基于平台的五个核心组成部分，中国电信以 DPI 查询应用为切入点，在短短一个月的时间内成功开发了移动终端和 PC 两个版本的 DPI 查询应用。中国电信通过采用云化的新架构，在短时间内完成了原来想做却做不成的全集团流量查询应用的开发，DPI 查询应用的并发数曾一度高达 1500 次。

DPI 查询应用的成功开发，不仅验证了 IT 云服务能力平台部分组件的能力，而且演练了"平台 + 应用"的开放式开发模式。这种应用平台化开发模式明显缩短了应用提供周期，降低了应用开发难度，解决了企业面临的业务难题，并实现了对核心架构的自主掌控。

3. 大型IT系统架构重构，突破应用分层解耦难题

中国电信采用自底向上和自顶向下两种方法相结合的方式，来识别 IT 全网集中的关键技术。自底向上的方法深入分析了中

国电信 IT 系统架构变革所面临的挑战，并提炼了 18 个关键问题。用自顶向下的方法对 IT 系统架构进行层层细化，不断细化出关键技术点，最终识别了 23 项关键技术。

为了验证 BSS 系统全网集中的关键技术、解决方案及云平台能力，中国电信紧密围绕 BSS 系统的核心功能和流程，组织了原型系统的开发工作。在开发过程中，中国电信进一步完善平台能力和应用框架，最终形成了一整套"平台 + 应用"的开发模式和框架。

研发 IT 云服务能力平台并集中管理数千套 IT 系统，这在全球无先例可循。中国电信在探索过程中，敢于采用新的思路、方法和技术，实现了多项技术创新。

一是平台与应用解耦、硬件与软件解耦、基础设施云化，在业界首次提出以一个企业级云服务能力平台大规模地承载系统应用。二是提出事件驱动计算框架，实现交易密集型系统集中框架内的个性化支撑。三是基于数据分片技术，实现全网海量数据透明共享。四是构建密集计算框架，以"去 IOE"方式（不采用 IBM、Oracle、EMC 产品）实现计费应用的高性能、高可靠和横向扩展。五是提出并实践平台化开发模式，实现架构自主掌控和应用快速构建。

经过两年艰辛的技术难题攻关，中国电信终于迎来了"破茧成蝶"的时刻。

3.1.2　IT 人才转型，体制机制创新

早在 1997 年，以本地网为主体运营的中国电信"97 工程"就是完全由中国电信自主设计、自主开发和自主维护的 IT 系统。随着 IT 系统从本地网向省区域集中，并进行了多次重构，全国普遍选择了"能买不自研"的策略，中国电信的自主研发能力逐渐丢失。在互联网时代，在需要攻关 IT 系统的核心关键技术时，中国电信逐渐意识到人才是第一资源。于是，在 2014 年 7 月，中国电信成立了 IT 研发中心，IT 研发中心负责构建全网集中、开放、云化的 IT 架构。中国电信 IT 研发中心一经成立，就把培养一支高水平的 IT 研发队伍作为首要工作任务。

1. 初创期：组建梯队式IT研发团队

中国电信 IT 研发中心一方面从研究院和各主业公司选拔和招募人员，另一方面通过校园招聘和社会招聘补充优秀人员，仅用 4 个多月时间就建立了近 300 人的自主研发初创团队，并使之迅速投入紧张有序的 IT 新架构关键技术攻关和研发工作中。

2. 攻关期：培养掌握核心IT新技术的人才

中国电信 IT 研发中心根据自身 IT 系统所承载业务的特殊场景和关键特性，结合互联网行业先进经验，打破传统 IT 系统的束缚，大胆尝试云计算技术、采用分布式架构，形成了适用于运营商核心 IT 系统的技术路线和框架。历经一年多的日夜攻关，中国电信 IT 研发中心在 2016 年 12 月迎来核心技术突破，自主研发了 IT 云服务能力平台，采用低成本的 X86 服务器和存储设备，广泛使用了开源技术，彻底实现了"去 IOE"，从根本上解决了运营商业务海量数据并发处理和海量话单计算问题，也为中国电信培养了一大批掌握核心 IT 新技术的人才。

3. 成熟期：配套体制机制创新

中国电信 IT 研发中心取得了初步成功，具备了良好发展的条件，关键是建立了市场化的岗位体系、薪酬结构和用人机制。这些制度在人员引进、人才激励方面提供了重要保障。

（1）建立以价值为核心的岗位体系和有竞争力的宽幅薪酬结构。

中国电信 IT 研发中心遵循"按需设岗、以岗定薪"的原则，设置了 24 个基准岗位。横向是岗位序列设置，包括产品运营、技术研发、职能支撑等。纵向是岗位通道设置，包括专业和管理两个通道。

中国电信 IT 研发中心建立了宽幅薪酬结构，每一个薪级对应一个固定的月薪标准，年终奖根据工作业绩发放。这种和工作业绩挂钩的宽幅薪酬结构有利于吸引人才和激励员工。

（2）建立了能进能出、能上能下的用人机制。

中国电信 IT 研发中心的绩效考核采用 KPI 与价值观相结合的方式。考核周期为季度和年度，对考核中待改进的 C/D 档员工按比例实行强制分布（季度 5%、年度 10%），绩效工资与考核结果紧密相关，不同考核等级间的薪酬差异超过 20%，体现了以业

绩为导向的考核原则。

中国电信 IT 研发中心成立了职业发展管理委员会，由 P7 及以上高级研发人员组成，负责评审员工的晋升、轮岗和降级等岗位变动。将晋升与工作业绩挂钩，根据季度和年度考核结果决定；将晋升与专业技能挂钩，由职业发展管理委员会通过评审决定。骨干技术人员在晋升人员中的比重增加，营造出技术导向的氛围；设立快速晋升通道，以能力和绩效为标准，不局限于学历和资历。绩效优秀员工一年可晋升两个等级；贡献突出且有潜力的员工可直接晋升为组长或负责人。经过试用期和职业发展管理委员会的评审，员工可跨等级晋升，这使年轻的高水平员工获得了更多认可和成就感。

中国电信 IT 研发中心建立了全面的人才培养体系，针对不同的员工群体设定不同的培养周期。其中，为应届毕业生提供 1 年的培养过程，包括灌溉期、辅导期和试飞期；为社会招聘员工提供 3 天的课程培训，帮助他们融入公司文化和电信行业；对于已入职员工，定期组织行业峰会、技术论坛和内部经验分享活动，营造学习氛围。为加强内训师队伍的建设，IT 研发中心要求高级研发人员担负培训责任，将培训次数和质量作为人才培养考核指标。优秀员工可参加高水平培训，并在内部进行知识共享。此外，IT 研发中心还建立了高端研发人才长期激励机制，对核心岗位上的人员进行中长期评估，并以项目奖励的方式进行激励，以吸引和留住高端研发人才。

3.2 核心 IT 系统上云试点

3.2.1 福建试点上云

自主研发的 IT 云服务能力平台需要经过生产系统检验，才算是真正成功。对于用哪个系统来检验，当时中国电信内部也有不同的意见。一种意见是先用边缘系统来检验，影响小；另一种意见是直接用核心系统进行检验。很明显，后者的风险比前者大，但是边缘系统的业务量无法体现新 IT 架构的优势和能力。对于要在核心系统中试用刚发布的分布式数据库等 PaaS 组件，各省分公司的领导难免心里打鼓，大都持观望态度，不想"第一个吃螃蟹"，场面一度僵持不下。

福建公司经过与研发团队多次讨论交流、综合分析后，向中国电信主动请缨，承担基于中国电信云平台的 IT 架构互联网化转型试点工作。2015 年 9 月，中国电信云平台的 IT 架构互联网化福建试点项目正式启动。在启动会上，现场团队一致认为，IT 架构互联网化转型是历史性事件、关键性变革，协作部门多，技

术难度大。现场团队深知，这个试点的责任和意义重大，试点的成功与否关系到中国电信未来 IT 架构变革能否成功实施，福建公司和 IT 研发中心都高度重视。福建公司领导半开玩笑地对试点项目组负责人说："别看他们现在豪言壮语，一年后不要垂头丧气地告诉我做不下去了就行。"这给项目组成员敲响了警钟。不过福建人一贯有"爱拼才会赢"的精神，20 世纪 80 年代，福州电信在全国开通全数字万门程控电话系统，开历史先河，在 IT 架构互联网化转型这个有历史性意义的项目上同样勇于争先，直到涅槃重生的一刻。

中国电信总部、福建公司和 IT 研发中心形成合力，在短时间内组建了 300 多人的试点项目组，采用集中现场、统一驻点的方式进行研发。福建公司的市场部、网络发展部、财务部、采购部、人力资源部、行政部等部门，各尽其职，做好业务、资金、人员、后勤等支撑工作。在试点项目开始后，中国电信总部和 IT 研发中心对试点项目大力支持，无论试点项目组需要什么资源，基本上都能在最短时间内协调支援。试点项目构建了 500 余台服务器，涵盖 PaaS 平台组件 25 项，承载 CRM 系统、计费系统两个应用。按规划进度，试点项目分别进行云平台技术验证和应用部分承载，需要对应用进行全面改造。

试点项目一开始就困难重重。最初的难点之一是在新架构下将 CRM 系统的 Oracle 集中数据库改造为自研分布式数据库 TeleDB，这需要对 CRM 系统中的数据进行分库分片。如何进行分库分片，国内外没有任何经验可供借鉴。试点项目组邀请了中国电信、电信研究院、IT 研发中心及省公司的规划专家、业务专家、技术架构师等研讨分析，对多种方案进行优劣势对比评估，形成面向分布式数据库的电信 CRM 系统数据分库分片方案。该方案按聚集性、扩展性、均衡性原则考虑，通过对数据进行分类和关系分析，根据各类实体的数据特征进行设计，分三层分库分片。第一层，按时间水平切分，分为在用表、半年历史表及半年外历史表，其中半年外历史表被存储到历史库。第二层，按功能逻辑垂直切分，分为客户资料中心、订单交易中心、营销资源中心、配置中心等，按照表类型分为单库表、全局表和分片表。第三层，按 ID 散列水平切分，主要包括参与人 ID、客户 ID、客户订单 ID、营销资源 ID 等，进行 ID 的散列存储。该方案为后续其他系统的分布式改造提供了有益的参考。

慎重起见，试点项目组采用分步实施策略。第一步是数据双写，将业务数据在 Oracle 集中数据库和自研分布式数据库 TeleDB 中进行同步双写。第二步是分布式查询，割接一部分查询业务。第三步是整体改造上线，在"数据双写模式哪种更合理"这个技术难点上，经过比较多种方案，采用事务包方式同步，以业务操作事务包推送消息中间件，消费时将事务包拆解成表行级记录，调用分布式数据库统一访问层存储。在"数据一致性比对如何实现更合理"这个技术难点上，试点项目组主动监测各个环节的数据情况，通过流式处理框架进行实时数据的比对、统计、稽核等。

诸如此类的问题一个接一个出现，面对这一情形，试点项目

组形成问题管理列表，并有专人在每日例会上对问题进行跟踪，研发团队则在现场及时调试解决。每当项目遇到关键节点时，中国电信总部、IT 研发中心、福建公司的领导都会专程在项目现场调研、协调，给试点项目组加油鼓劲。中国电信总部领导在现场调研后指出，这项工作是中国电信深化改革的一项伟大事业，使命光荣，任务艰巨。IT 云化是坚定不移的方向，要求扎实做好底层工作，放眼大局，建立切合实际的云化架构。

试点项目组从试点项目启动，始终保持高强度的工作状态，取得了一个又一个阶段性成果。2015 年 12 月，互联网化 PaaS 平台上线，数据双写上线，计费脱机详单并行。2016 年 8 月，分布式计费系统福州本地网正式上线（福建试点现场见图 3-1）。2016 年 11 月，分布式计费系统在福建全省正式上线。2017 年 11 月，中国电信云平台的 IT 架构互联网化福建试点项目成功上线，上线当日 IT 云平台各项指标运行正常，承载的 CRM、计费核心应用系统运行稳定，共成功办结订单 30 余万笔，各渠道、各触点营业正常。

"平台 + 应用"的 IT 架构互联网化，对中国电信 IT 架构互联网化转型具有里程碑式的意义，为电信业务和 IT 进一步融合升级、实施战略转型奠定了基础。它的成功实现具体表现在：一是客户感知提升，在 CRM 系统营业前台受理业务中，单步点击性能提升了 3 倍，查询性能提升了 3 倍，计费性能提升了 5 倍；二是服务升级不间断，系统节点故障实现秒级自动接管；三是应用弹性伸缩，分布式计费系统单台普通 PC 应用服务器性能超 1.1

万笔 / 秒，且可按需进行线性扩展；四是敏捷开发，提升了应用的自动化水平，生产部署通过工具一键被发布，人工操作步骤较传统模式减少 80% 以上，发布效率提升两倍以上。

图 3-1　福建试点现场

在割接上线过程中，有两个插曲。第一个插曲是在上线当天一台物理机的硬件出现故障，分布式消息集群自动进行主从切换，物理机维修和替换需要一点时间，虽然业务无感知，但是割接指挥室的平台总控面板显示分布式消息的健康度不是 100 分。平台组问试点项目割接总指挥要不要推迟割接。试点项目组组长回复说，就是要发挥分布式系统的优势和作用，照常割接，由平台组做好监控保障。最终，整个上线过程平稳。第二个插曲是为了应对第二天业务高峰期可能出现的瓶颈，平台组提前准备了一键批量清理慢 Session、锁 Session 的工具，以便在出现大面积卡顿或者死锁情况时及时清理 Session，先行恢复业务，再分析原

因。最后这些工具都没有用上，因为 PaaS 平台的稳定性比预想的好很多，整体运行很平稳，自研 PaaS 组件在高并发复杂业务场景下经受住了实践的考验，现场团队对自研 PaaS 平台的信心更足了。

3.2.2　27 个省规模推进核心系统上云

福建电信试点的成功鼓舞了电信人继续前进的信心，但这只是万里长征的第一步。由于开发难度大、研发人员缺乏、维护效率不高等原因，各省对推广 IT 云平台尚存疑虑，甚至有的持反对意见。福建电信试点从 2016 年开始策划 BSS 3.0 上线，以多要素集成和融合创新为推动企业数字化转型的抓手，尤其是从体系化的角度，打破各省公司、各专业、各处室、各部门等的一切壁垒，切实推动业务重构，通过自主研发，实现企业上云和智慧运营。

2018 年，中国电信召开信息化年度工作会，宣布启动新一代 BSS 3.0 推广规划，提出要在全国推广 BSS 云化，计划上云的业务涉及计费和 CRM 两大系统，包含充值中心、账务中心、客户中心、受理中心等核心业务。这些业务承载着十亿级用户、百亿级查询和千亿级话单，各省进行 BSS 3.0 经验分享如图 3-2 所示。

图 3-2　各省进行 BSS 3.0 经验分享

　　由于对在核心系统中推广互联网架构有担忧，中国电信围绕自研数据库 TeleDB 的可行性和稳定性进行了反复讨论，最终决定大规模采用自研的 PaaS 组件，这在全球电信运营商中是首创的。

　　中国电信迅速组建了 PaaS 人才工作站，并发布了一系列规范，包括统一 PaaS 清单、参数配置等 8 个类别、总计 70 万字的内容。这些规范初步组成了 PaaS 集约运营体系，解决了 PaaS 组件维护中的参数配置与调优难点。只要各省公司按照规范进行配置，专家就可以远程检查参数。此外，在每个省公司进行系统割接前，项目组不仅安排专家到场提供帮扶，而且准备了多种应急方案。

　　2019 年，随着 27 个省 BSS 3.0 分布式架构的成功上线与稳定运行，中国电信更加坚定了自主研发和自主运维的信心。

　　从严格意义上来说，此次上云属于上云 1.0 阶段，做到了从

0 到 1 的云化架构历史性的突破，企业数字化转型的 IT 改革跨出了成功的一大步。一是实现了传统 IT 系统 IOE "烟囱式"架构向"平台 + 应用"云化架构的转变，解决了大型系统的性能瓶颈。二是实现了自研分布式数据库 TeleDB 替换商用数据库，解决了核心技术安全可控的难题。三是核心的 CRM 系统和计费系统的能力开放，为互联网化的业务运营提供了坚实的基础。然而，这次上云的大部分工作仍属于"手工活"，工作量大、效率低、难度大，未来还要面对诸多挑战。

常常有一些企业会问："什么是上云？上云有什么好处？上云应该是从边缘系统开始还是从核心系统开始？"也许中国电信 IT 系统的云化架构转型给了我们一些借鉴和参考。这些企业应结合实际情况，不能为了上云而上云，早上云，早受益！

3.3 IT 全面上云

随着 BSS 3.0 在全网的成功上线，2019—2020 年，中国电信组织全网技术专家开展 IT 系统全面调研，进行系统形态分析、技术方案研讨、上云模式设计，完成上云顶层规划，指导 IT 全面上云（见图 3-3）。为促进此项工作的开展，2019 年年底，中国电信将网络运维部与信息化部合并，设立了新的部门——云网运营部（大数据和 AI 中心）。这个部门成为中国电信规模较大的部门之一，旗下设立了十多个处室。准备工作非常烦琐、复杂。一是要统一认识，把云网运营部的工作焦点统一到党组决策中来，通过 IT 上云解决自身业务的数字化转型问题，改变已经形成的工作流程和习惯。二是要培养人才，部署按 IaaS、SaaS、PaaS 领域培养专业人才的工作，重点放在 PaaS、中间件、数据库的开发上。三是动员开发商看清楚"早上云晚上云，早晚都要上云"的大趋势，打消顾虑，抓住 IT 上云带来的机会。

图 3-3　现场研讨上云顶层规划

2020 年 7 月 16 日，中国电信面向全网召开了 IT 系统全面上云工作部署会，正式拉开了全面上云的序幕。从云网融合、体制机制创新、开放合作、内部数字化四个方面"加快云改数转、

推动高质量发展",并一直执行至今。中国电信 IT 系统全面上云
推进会如图3-4所示。中国电信提出了"新建 IT 系统 100% 上云,
存量 IT 系统三年上云"的上云目标。中国电信不仅要做好自身
的数字化转型,而且要履行以自身的数字化转型推动全社会数字
化转型的社会责任。中国电信不仅要勇立数字化转型的潮头,更
要履行使命担当,服务各行业各领域的数字化转型,培育壮大经
济新动能。

图 3-4 中国电信 IT 系统全面上云推进会

十亿个用户、百亿次查询、千亿条话单的背后,是固定电话
到云网融合的数十年网络演进,是典型业务要穿透数十个系统的
指令,是设备间错综复杂、盘根错节的物理耦合。中国电信要在
云端无缝地建设一片更加开放、共享、敏捷的"IT 土壤",以保
证在新旧系统转换时,不出一丝差错。

3.3.1　摸着石头过河的"集团军"

中国电信启动的"IT 上云三年计划"——"新建 IT 系统 100% 上云，存量 IT 系统三年上云"，是集团级的整体规模上云。中国电信是大型央企规模上云的第一家，是那匹要过河的"小马"。

2019 年年底，中国电信整合网络运维部、信息化部，设立云网运营部，经过反复斟酌讨论后才确定要设立平台云化推进处（俗称"上云处"），其负责电信上云专项推进。"上云处"一共有 6 个人，而整个中国电信的 IT 系统有 3000 余套，根据规划，中国电信要按照 40%、85%、100% 的节奏，在三年内完成上云。

上云是一个系统工程，需要统筹考虑六个方面，包括天翼云 IaaS 和 PaaS 能力、统一技术底座能力、上云人才培养、合作伙伴上云技能、上云方法路径、上云运维能力和系列运维规范体系，沟通范围涉及全网 31 个省公司、15 个专业公司、5 家研发单位、200 多个合作伙伴，工作常常需要跨公司内部多个部门，如人力资源部（人才培养）、财务部（成本配置）、云网发展部（研发资源配置）、云公司、研究院、电信学院等。

多年来，"中国电信 IT 全面上云"微信群里的人数不断增长，从一开始的 6 个人到最终固定为 280 个人。每个人后面还有上百个人，累计共有上万人，这些人组成"集团军"在作战。这还不是全部，单单天翼云科技有限公司投入的研发团队便有数百人，

研究院、云网运营部的自研团队也有上百人。"上云处"组建了虚拟研发团队，有的人负责总体规划设计，有的人负责布道和产品能力迭代，研发工作分散在不同专业公司，产品实施经理则是来自全国各省分公司的条线专家。

经过一次次"硬仗"的考验，在这个不见硝烟的战场上，"电信铁军"永远不会让人失望。

3.3.2　学习塞罕坝精神，迈过这个坎

2021 年，IT 系统上云项目遭遇前所未有的危机。

当时，缺芯潮席卷全球，有研究机构预测，当年全球服务器出货量约 1700 万台，增速仅为个位数，与此相对应的是，新冠疫情带动云端、家庭办公和线上服务需求增长，大型云端企业对服务器的采购需求强劲。

"地主家也没有余粮了"，天翼云 IaaS 迟迟未到货，IT 系统上云率在半年内仅仅提升了 3 个百分点，因缺少 IaaS 货源，IT 系统上云率的进度条卡在 45%，停滞了 8 个月，而根据 IT 系统上云项目计划，年底 IT 系统上云率要达到 85%，形势异常严峻……是进是退？多家单位纷纷打来电话，想借机放弃 IT 系统上云。

出人意料的是，一片塞北林海将"治愈"中国电信此刻的焦虑与绝望。

从北京沿高速往西北方向行驶大约 450 公里，便是被誉为塞北"绿色明珠"的塞罕坝，从茫茫荒漠到世界最大的人工林场，60 多年间，三代塞罕坝人在这里创造了人间奇迹。中国电信强调要大力弘扬塞罕坝精神，一定要在关键时候顶上去，一鼓作气，在困难面前决不能退缩。中国电信鼓舞各家单位一起打一场"百日上云攻坚战"。作战图挂起来，青年先锋队拉起来，责任状签起来，全网数十家单位和 200 多个合作伙伴，在学习会上一起喊着"号子"向前冲（见图 3-5 ）。

图 3-5　学习塞罕坝精神

最难解决的问题还是资源。全网缺货，服务器是典型的卖方市场，客户们个个派出精兵强将坐镇供应商工厂，中国电信的"集团军"也不甘示弱，采购部、天翼云科技有限公司的同事天天拜访供应商，随时准备"抢"第一手货源。

按照常规交付流程，即使抢到设备，上云实施也要等几个月

的时间，于是全网上云攻坚团队开始精简流程、改造应用，做到问题日清日结……提前做好一切准备，设备一到，立即上云，所有过程无缝衔接。各地公司陆续传来好消息，甘肃、湖北、陕西率先达到 85% 的 IT 系统上云率，随后是北京、福建、河南、广东、江西、四川、新疆、内蒙古、安徽、山东……2021 年 11 月 18 日，全网提前 42 天实现 IT 系统上云率达到 85% 的年度目标。

3.3.3　从 20 年掌握 2 种组件到 2 年掌握 20 余种组件

曾经，中国电信的 IT 系统都是属地化 IOE 架构的"烟囱"系统，主要靠商业数据库和小型机承载，出了故障由原厂兜底。自有人员利用 20 年的时间掌握了 Oracle 数据库和中间件的商用软件基本维护技能。

如今，中国电信决定大规模改用自研的 PaaS 组件，这在全球电信运营商中是首创，一旦发生故障，将是一场灾难。更何况，自有人员的 PaaS 组件自主维护技能几乎为零。在上云过程中，自有人员 2 年时间要掌握 20 多种 PaaS 组件和开源组件的运维基本技能。

"这是一项不可能完成的任务，也是一项只能成功、不能失败的任务。"当务之急是建立 PaaS 运维队伍和运维体系。因此，中国电信组建了 PaaS 人才工作站，并发布了含统一 PaaS 清单、参数配置等的系列规范，从无到有初步建立 PaaS 集约运营体系。

PaaS 组件维护的难点是参数配置与调优，有了这些规范，各省公司只需要按照规范配置即可。只要有省公司遇到系统故障，PaaS 人才工作站就会启用故障救援直通车，举全集团专家之力解决遇到的新问题。在解决一个故障后，相关人员就会将故障案例发布到运维社区，供全集团共享。

在上云期间，中国电信同步启动了 IT 上云人才培养项目——"腾云计划"，加快内部专业人员的能力转型。如今，"腾云计划"已经成为上云人才培养的品牌，仅 2021 年，全集团便有超过 2 万名员工参加培训，合作伙伴的上万名员工通过了上云认证（见图 3-6）。

图 3-6　中国电信"腾云杯"IT 上云大赛现场

以前的系统建设，由合作伙伴负责实施，现在整套翼龙底座都是自研的，由中国电信指导合作伙伴进行架构设计。数字化转

型的根本就是掌握新一代数字技术的人才的转型，而通过上云这个重大工程，中国电信在实干中快速完成人才转型。这是最大的收获。人才，对处于转型期的中国电信而言，是最重要的资源（见图 3-7）。

图 3-7　中国电信通过"腾云杯"业务平台上云竞赛选拔人才

3.3.4　90 天实现 1300 套 IT 系统上云

在塞罕坝精神的激励下，中国电信坚定开展上云工作的信心得到了极大提振。2021 年 12 月 20 日，在确认了行销宝等关键系统成功上云后，集团上云作战室郑重地更新了上云挂图作战的进度表。那一刻，上云率定格在了 95%，全网上云攻坚团队凭借坚韧不拔的努力，不仅超越了年度任务目标 10 个百分点，更是在短短的 90 天内，成功将 1300 套 IT 系统搬上了云端，这一壮举甚至可以申请吉尼斯世界纪录。

回顾那 90 天的上云历程，起初看似任务不可能完成，但在团队的共同努力下得以实现。而这一切的背后，是前期的深厚积累和精心策划，正是那些看似微小的进步，最终汇聚成了这三个月的辉煌成就。

在工具研发方面，中国电信展现了强大的自主创新能力，成功研发了翼龙数字化底座，这一数字化和智能运维的能力集合，为 IT 系统端到端的顺畅运行提供了有力保障。在人才培养方面，中国电信开展了"腾云计划"，不定期举办技术沙龙，通过系统的培训和交流，培养了一批批优秀的上云人才，有效解决了自主上云过程中的难题。在方法论方面，中国电信结合前期自身上云的最佳实践，创新地总结出了上云"五步骤十流程"方法论，为高效、有序地开展上云工作提供了指导。

这些工具、方法和人才的积累，使得中国电信实现了从原来以手工为主的上云模式，向以工具、方法为主的流水线上云模式的转变，上云效率得到了惊人的提升，高达 32 倍。

每一步的进展，每一个小阶段的成果，都为中国电信带来了宝贵的反馈和信心。正是这些小小的进步，激励着全网上云攻坚团队不断前行，最终涓涓细流汇成海，点点纤尘积成山，使大批系统的规模化上云成为可能。

2022 年 5 月，一切尘埃落定。中国电信 3000 余套 IT 系统

全部上云,提前一年完成 IT 上云三年计划,成功打造出速度最快、规模最大的央企上云案例。中国电信 IT 上云率变化如图3-8所示。

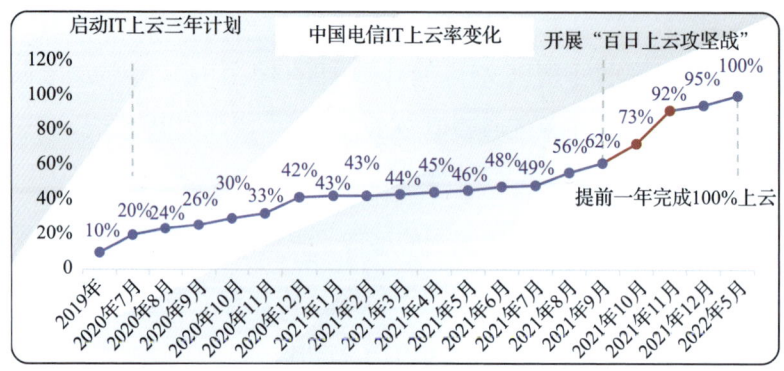

图 3-8 中国电信 IT 上云率变化

3.4 乘 IT 上云之势,开启业务平台上云

IT 上云的实质是 IT 自身的转型,组织、生产方式、增长模式都发生了变化。对于内部信息化系统上云,自己可以控制的是,自我发起,自我推动,最后自我革命。业务平台跟用户有直接关联,这些平台归前端市场部门管,它们更复杂、更分散,甚至更封闭,如 IPTV,厂商从头到尾掌控硬件和软件,完全不开放。尽管业务平台上云更复杂,但凭借 IT 上云经验,中国电信还是毅然决然地

启动了业务平台上云。从 2022 年起，业务平台上云率按照 25%、80%、100% 的三年阶梯推进。同时，中国电信积极探索 SaaS 化应用的创新，在细分领域中做大 SaaS，推动产业结构的优化升级。

3.4.1 IPTV 云化解耦，引领生态良性发展

中国电信 IPTV 上云是业务平台上云的重中之重，其资产数量和投资占比均达到整个业务平台的 50% 以上，这意味着完成 IPTV 上云，就完成了业务平台上云的大部分工作。

IPTV 上云绝非易事，头部大厂占据全国 IPTV 平台绝大部分的市场份额，核心能力、技术受制于人的问题沉疴已久，上云进程一度陷入困境。中国电信旗下的中电福富信息科技有限公司（简称"中电福富"）组建了 IPTV 的自研团队，该团队与时间赛跑，历经数月攻关，于 2022 年 7 月完成了 IPTV4.0 自研平台首个入网测试版本，突破头部大厂的技术封闭，实现 IPTV 业务平台核心技术自主掌控，提升了 IPTV 业务发展的自主掌控力，大幅降低了 IPTV 业务运营的成本。

2023 年 12 月，中国电信 31 个省（自治区、直辖市）的 IPTV 业务平台完成云化解耦，形成了 IPTV 业务自研产品与合作生态产品共存的良性发展格局。中国电信通过打破封闭架构实现能力开放，降低市场准入门槛，提升标准化和规范化水平，构建健康的产业生态，有力推动了 IPTV 产业的可持续发展。

3.4.2　万号客服上云，集约运营提感知

　　2021 年我国自然灾害形势复杂严峻，极端天气气候事件多发，河南郑州"7·20"特大暴雨对市民的影响依然历历在目。为了提升应急保障能力，中国电信决定自主研发一套万号集约运营平台，采用"平台集约建设 + 分省属地运营 + 全网资源共享"的云化架构，在北京、四川、陕西、广东、福建、江苏 6 个大区部署，实现话务区域承载、集中管理统一调度，解决原来的 31 个省异构封闭的话务呼叫平台难以应急调度的难题，在应急情况下能提供万号服务，提升客户的服务感知。

　　2022 年年初，中国电信发布"万号集约项目"的作战任务，中国电信福建分公司"揭榜挂帅"，仅用两个月的时间就完成福州试点上线任务，在项目"赛马"环节获胜。在 2022 年 5 个省推广阶段，项目团队攻坚克难，完成项目上线。其中，青海分公司在万号系统上线期间开创了线上割接先例；在四川上线阶段，全员带病坚守，完成项目上线。在 2023 年 26 个省割接阶段，项目团队克服大运会、亚运会期间连续封网等困难，发挥了中国电信属地化 PaaS 专家力量，在 2023 年 9 月至 11 月上线高峰期，顺利完成万号集约项目的云化上线任务。

　　两年间，中国电信从 0 到 1，实现了万号新一代智能呼叫中心的突破，实现了万号系统的云化解耦上云，打破了系统长期封闭不开放的顽疾，实现了万号系统的集约运营。全集团统一调度，互为备份，为客户提供随时随地的服务。截至 2024 年 3 月底，万号集约项目承接的自助呼入量为 3.69 亿次，人工呼入量为 1.29 亿次，15 秒接通率高达 90.1%。这标志着中国电信万号服务转型到集约智能运营服务的进程迈入全新阶段。

3.4.3　探索 SaaS 创新，终见花开月明

2023 年 3 月，中国电信发布《中国电信业务平台云化（SaaS 化）指标体系规范》，指导各省分公司和专业公司塑造 SaaS 精品，推动全网 SaaS 化业务规模发展。截至 2023 年年底，12 套业务平台完成 SaaS 推广。

天翼物联网平台是 SaaS 化平台的典范。天翼物联网平台自 2017 年生成雏形，是全国首个基于天翼云原生的 SaaS 化平台，实现 3AZ 多活运行、水平伸缩、负载分担，支持亿级超大规模物联网终端的安全可靠接入，海量消息的高效实时、稳定可靠推送，以及百万级终端设备掉线无感自迁移自恢复，并在高可靠、高性能、高安全方面实现了全面提升。

如今，天翼物联网平台支撑了不少生动的数字化转型案例，打造了行业上云用数赋智的范本，助力各类物联网行业应用"上平台即享极致服务"。

中国电信上云历程

在山东，国网山东省电力公司基于天翼物联网平台实现了区域用电的智能监测和管理。在使用 3AZ 后，该企业的平台稳定性和接口效率明显提升，设备离线和数据丢失问题大幅减少。

在西安，基于天翼物联网平台，维斯达打造了城市燃气管理平台，将系统一次抄表成功率提升至 98% 以上，使业务高峰期上、下行流程实现了高效畅通。

在广东，天翼物联网平台为某安防企业提供了"物联网接入＋天翼云存储"融合服务，有效解决了 4G 物联安防监控数据上云难题，降低了该企业数字化转型的成本。

目前，大翼物联网平台已服务中国电信全网超 4 亿个物联网用户，承载超 1.7 亿个智能物联网终端，平台 API 月调用量超 300 亿次。天翼物联网平台是中国电信不断开拓进取、坚守传统业务 SaaS 化转型初心的成果，中国电信 SaaS 创新也必将以星火燎原之势，引领产业高质量发展。

第 4 章

筑基

要实现企业的数字化转型，IT 自己先转型！

对包括中国电信在内的传统企业来说，IT 系统的建设维护大多靠技术专家手工作业。无论是基础设施资源提供、应用软件开发、系统联调测试，还是维护作业计划、故障诊断等，无一例外。如果把 IT 系统的建设维护端到端地进行流程再造和数字化转型，IT 系统支撑业务需求的进度就会更快，质量就会更高，IT 系统就可以适应业务数字化的相关需求，更好地支持业务创新和发展。企业的数字化转型，以 IT 自身的数字化转型为先导，翼龙数字化底座用来承载 IT 自身的数字化转型，也可进一步用来承载业务的数字化转型。

4.1 构建新一代数字化平台架构

4.1.1 IT 架构发展的四个阶段

IT 架构是信息技术应用的基石。伴随着信息技术产业的快速成长，IT 架构得到了快速发展。IT 架构的发展经历了信息化阶段、在线化阶段、云化阶段和数智化阶段四个阶段，如图 4-1 所示。前两个阶段以烟囱式架构为主，后两个阶段以云化架构为主。自 2013 年起，中国电信企业信息化就有了类似于 IT 架构管理的思路、理念和团队。随着技术发展和企业成长，系统架构和规范从 BSS 1.0 到 BSS 3.0 进行了多次的演进变化。从 20 世纪 90 年代引入信息技术支撑市内电话业务管理的"97 工程"（1997—2004年），到省级集中化的中国电信 IT 架构框架 CTG-MBOSS 规范（2005—2011 年），再到将云计算引入 IT 架构推动"天翼云"的出现，以及 5G 时代的云网融合（2012—2018 年），当前已发展到新一代分布式云化微服务架构（2019 年至今），基本上契合了 IT 架构发展四个阶段的基本规律。中国电信每个阶段的 IT 架构都是在特定的运营环境下，服务于这个阶段的业务和管理而规划、建设和实施的，既脉络清晰、符合实际，又不断迭代、持续优化。其发展趋势是从面向内部管理到面向客户服务管理；从地市部署到全省集中，再到全国集中；从模块紧密结合到 BSS、OSS 分域解耦，再到逐步去 IOE 架构，并采用云化微服务架构。随着企业数字化转型的深入，IT 架构将进一步向着 IT 一切皆服务迈进。

在信息化阶段，IT 架构满足最基本的企业管理需求和生产支撑需求，支撑能力主要来自单个业务流程和管理环节，系统建设以业务驱动为主，系统结构简单，数量较少，系统间基本无接口，省市以分散部署模式为主，通常由业务部门主导建设。

中国电信上云历程

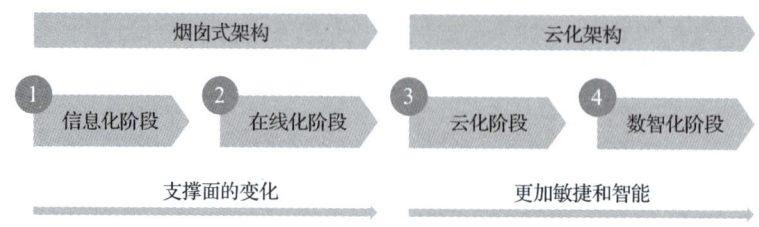

图 4-1　IT 架构发展的四个阶段

在在线化阶段，IT 架构基本实现了在管理、生产各个领域的全面覆盖和业务流程"端到端"的贯通，业务基本实现在线化，系统数量和复杂度剧增，系统间接口复杂，以集中部署为主，通常由信息化部门主导建设。

在云化阶段，IT 架构从垂直架构转向水平分层，IT 基础设施从分散建设转向云化、集约建设，应用从以业务、产品为中心转向以用户为中心。

在数智化阶段，IT 架构实现了管理生产的全场景、全要素数字化，实现了全域的数据融通、智慧洞察和数据智能的全面应用。

不同企业的 IT 架构可能处于不同的发展阶段，但是大多数企业通常存在以下几个痛点：一是自身信息化技术不强，没有能力统筹 IT 系统的建设和维护；二是在建设 IT 系统前，缺乏 IT 架构规划和顶层设计；三是在 IT 系统建设过程中，采用的技术栈不统一，数据标准化程度不高，无法有效共享；四是在 IT 系统维护阶段，没有完整的维护体系，既缺少运维工具，又没有组织建设，还缺少人员培训等。

4.1.2　新一代数字化平台架构

要解决上述问题，必须打破传统的烟囱式架构和信息化建设模式，规划和构建基于水平分层、分布式、云化、数据共享、能力开放等先进理念的新一代数字化平台架构，明确应用系统的演进方向和路径，从而高效支撑业务的数字化转型。

1.　新一代数字化平台总体架构

新一代数字化平台总体架构包括 IaaS 层、PaaS 层、能力中心层、能力运营层和应用层，如图 4-2 所示。

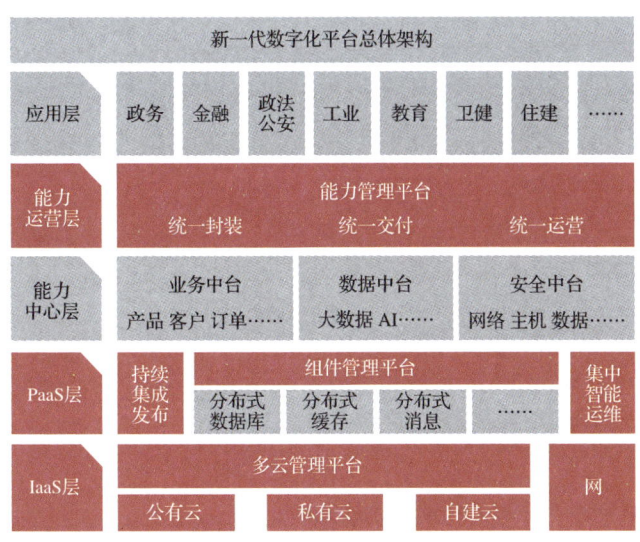

图 4-2　新一代数字化平台总体架构

IaaS 层：建立"云网安"一体化、简洁、敏捷、融合、开放、安全、智能的新型数字化基础设施。

PaaS 层：统一 PaaS 组件选型，建立开发、运维一体化支撑平台，包含通用 PaaS（IPaaS）和 APaaS。

能力中心层：包括业务中台、数据中台、安全中台，按统一服务目录和标准对外提供服务。

能力运营层：实现各类能力的统一封装、统一交付和统一运营。

应用层：建立敏捷开发体系，基于底层 API 能力，快速构建面向内外部客户的各类应用。

2. 建设数字化底座

前面讲过，要实现 IT 的数字化转型，首先要做的是基础设施的数字化。企业可结合自身发展战略、业务需求、系统现状，选择合适的云服务商和技术架构，建立适合自身的数字化底座。

在 IaaS 层，可以选择公有云、专属云、私有云、自建云或者混合多云的模式。

在 PaaS 层，可以优先考虑技术组件平台的统一，后续再推进 DevOps、服务质量、能力的开放等。

由于云架构具有良好的水平扩展性，因此初期建设规模不宜过大，可根据应用承载的需求动态扩容。

3. 推进应用系统上云

"从 0 到 1"：选择一个系统进行上云试点验证。理想的试点

系统包括两类：一是中等规模系统，这是因为大型复杂系统的实
施周期较长，且牵扯周边系统较多，过小的系统起不到验证的效
果；二是有业务变动或者技术升级需要的系统，这类系统的业务
功能需升级，通用业务组件需解耦，系统性能和稳定性存在问
题等。

"从 1 到 N"：制订明确的系统上云计划，结合业务和技术驱
动，有序推进系统改造和迁移上云，实现 IT 架构的全面转型。

4.2　打造翼龙数字化底座

80% 的传统企业建设了几十个乃至上百个 IT 系统，普遍存
在资源分散、技术栈不统一、云厂商构成复杂的状况。中国电信
率先在内部打造了翼龙数字化底座，支撑 3000 余套 IT 系统实现
了低成本、标准化、自动化、规模化上云，并建立了云上运维体
系，确保应用云上开发、测试运维，高效低成本地支撑企业的业
务转型。

翼龙数字化底座采用逻辑集中、物理分散的分布式架构模式
部署，按"平台 + 产品"模式打造，提供统一访问门户，兼容管
理多云异构资源池，通过标准化协议接入了多样化的 IaaS/PaaS/
SaaS 类产品。翼龙数字化底座的功能示意图如图 4-3 所示。

图 4-3　翼龙数字化底座的功能示意图

多云管理：抽象华为云、阿里云、天翼云等的共性，通过多云适配器提供异构云协议的编排调度能力，基于自动模板适配和自动化装载能力，提供标准云服务。

产品管理：提供产品上架、规格配置、配额限额、产品下架等产品全生命周期管理。

开通中心：对全栈产品构建标准化、规范化的开通流程，提供云产品一键开通能力，实现资源开通全程可视、可管、可控。

运维服务、监控告警：统一采集流程与监控能力，实现资产自动化采集，打破了 IaaS/PaaS/SaaS 跨层间壁垒，实现了全链路拉通，构建了立体化智能运维监控，保障系统持续、稳定、可靠地运行。

平台安全：构建公共区→预制区→业务区网络架构，基线检查和加固、漏洞管理等防护策略覆盖，全面预防各类脆弱性。参照 CIS 信息安全标准，整理 60+ 开源组件、4000+ 基线指标，搭建漏洞库，实现安全问题的及时发现、一点修复。

能力开放：提供统一的 OpenAPI 网关和标准化的 IaaS、PaaS 和 SaaS 产品定义 / 管控接入协议，帮助企业轻松实现业务能力开放变现和内部产品集成，快速补齐平台产品能力，满足企业差异化的上云需求。

在中国电信内部 IT 上云过程中，翼龙数字化底座经历了从 IT 云服务能力平台雏形阶段到四云平台的 1.0 阶段，又从四云平台的 1.0 阶段逐步迭代优化到四云平台深度融合的 2.0 阶段的过程。翼龙数字化底座 1.0 由云翼统一 PaaS 平台（简称"云翼"）、云道 DevOps 平台（简称"云道"）、云眼 AIOps 平台（简称"云眼"）、云桥 DCOOS 能力开放平台（简称"云桥"）四云平台组成，面向运维和开发不同角色的人提供不同的应用，各平台之间相对独立。翼龙数字化底座 2.0 以 ONE 平台模式，对原有四云平台进行了产品化重构，实现了租户、产品、订购、计费等的统一，优化了用户体验。使用者可以采用搭积木的方式按需订购，一键开通翼龙产品。翼龙产品包括中国电信在 IaaS 层规模使用的天翼云的云主机、网络、存储等方面的产品，在 PaaS 层规模使用的自研的 TeleDB、CTG-CACHE、CTG-MQ 等产品，以及在 SaaS 层规模使用的云道开发运营一体化、云眼智能运维和云桥能力网关等方面的产品。为便于理解，翼龙数字化底座仍沿用四云平台的说法，四云平台深度融合后的翼龙数字化底座 2.0 如图 4-4 所示。

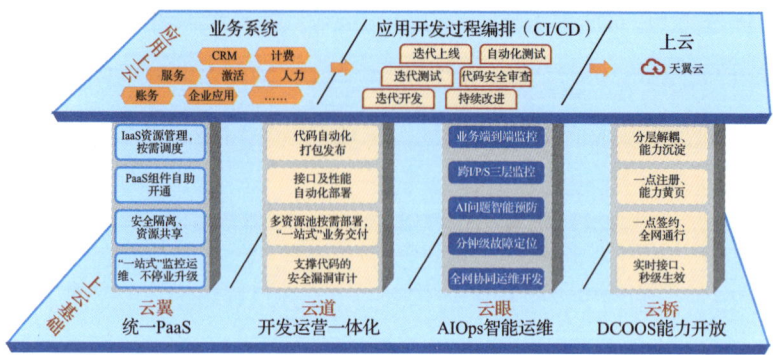

图 4-4　四云平台深度融合后的翼龙数字化底座 2.0

4.2.1　云翼：提供一体化的 IaaS 服务和 PaaS 服务

翼龙数字化底座集中管理遍布全网的私有云资源池和公有云资源池，形成真正意义上的"一朵分布式混合多云"，为应用系统提供一体化的 IaaS 服务和 PaaS 服务。云翼统一 PaaS 平台如图 4-5 所示。

图 4-5　云翼统一 PaaS 平台

目前，全国累计纳入管理的资源池超过 260 个，接入主机超过 8 万台，开通 PaaS 组件实例超过 4 万套，在很大程度上解决了 IaaS 服务、PaaS 服务品类多、技术使用门槛高、资源利用率低等难题。IaaS 服务、PaaS 服务提供从手工操作变成了自助申请并自动开通，服务提供耗时从之前的 3 ~ 5 天降至分钟级。

4.2.2　选择混合多云

中国电信的私有云资源池建设由来已久，主要类型包括：存量的 IT 云资源池，主要用以支撑内部 IT 系统，如 CRM 系统、计费系统等；存量的 CT 云资源池，主要用以支撑对外的业务平台，如短 / 彩信、IPTV 平台等。中国电信在内部 IT 系统和业务平台上云过程中，遵循存量的 IT 云资源池和 CT 云资源池不再扩容、所需 IaaS 资源全部使用天翼云资源池的原则。因此，在这个过程中，中国电信大规模使用了天翼云资源池来承载 IT 系统和业务平台上云。同时，中国电信也充分考虑了存量的 IT 云资源池和 CT 云资源池的利旧使用，最终选择使用混合多云。其中，IT 系统和业务平台的开发测试环境大多选择使用存量的 IT 云资源池和 CT 云资源池，IT 系统和业务平台的生产环境大多选择使用天翼云资源池。

中国电信内部的混合多云规模庞大，集团级的资源池分布在北京、上海、内蒙古和贵州，各省公司的资源池分布在 31 个省（自治区、直辖市）的 200 多个局址。

一、中国电信IT上云过程中天翼云资源池的布局和演进

2018 年至 2020 年，为满足内部 IT 系统上云的需求，中国电信的天翼云技术架构从天翼云 1.0 升级到天翼云 2.0。天翼云 2.0 又称为原生 OS 池，主要采用 OpenStack Q 版技术，网络方案既包括公有云模式的 VxLAN 交付方案，也包括传统数据中心模式的 VLAN 交付方案。此类资源池的数量约为 24 个，分布在海南、新疆等地，如图 4-6 所示。

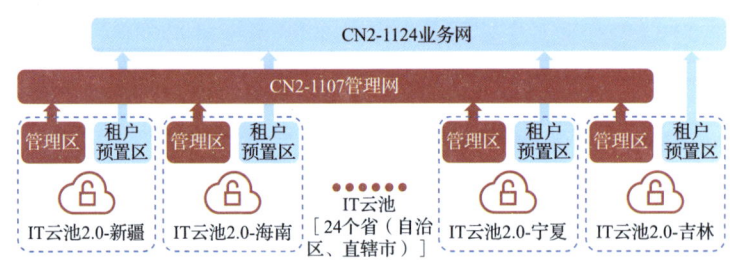

图 4-6 IT 云池［24 个省（自治区、直辖市）］

2020 年至 2023 年，中国电信的天翼云技术架构从天翼云 2.0 升级至天翼云 3.0。天翼云 3.0 采用 OpenStack Q 版 + 自研 CNP 技术，网络方案同样包括公有云模式的 VxLAN 交付方案和传统数据中心模式的 VLAN 交付方案。天翼云 3.0 已经可以通过云翼和 IT 混合云管进行管理，其中云翼提供 IaaS/PaaS 资源一体化开通和退订，IT 混合云管提供多网卡配置、多 VIP 绑定、VNC 远程登录等能力。此类资源池的数量约为 53 个，分布在全

国 31 个省（自治区、直辖市），如图 4-7 所示。

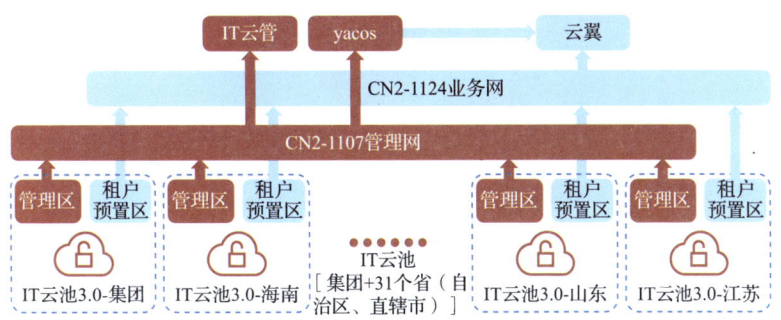

图 4-7　IT 云池［集团 +31 个省（自治区、直辖市）］

从 2023 年至今，中国电信的天翼云技术架构从天翼云 3.0 升级至天翼云 4.0。天翼云 4.0 更加关注国产化，已经可以通过翼龙平台和公有云云管进行管理，用户可以通过翼龙数字化底座，调用公有云云管能力一体化开通 IaaS/PaaS 资源。此类资源池的数量约为 7 个，分布在华南、华东等区域，如图 4-8 所示。

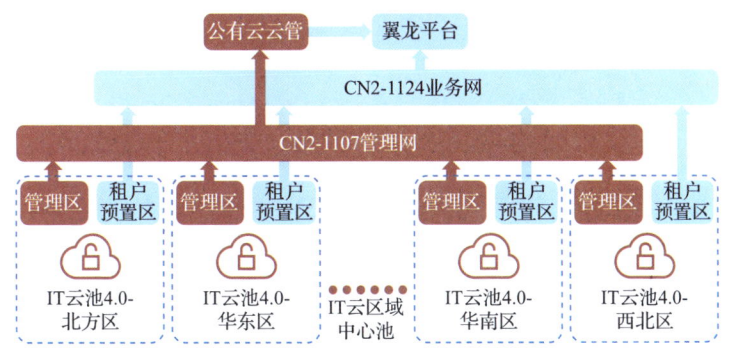

图 4-8　IT 云区域中心池

二、在中国电信业务平台上云过程中天翼云资源池的布局和演进

中国电信业务平台上云参照 IT 上云的云资源池建设和管理经验，在充分了解各使用单位的资源需求后，开始建设天翼云专属云池 4.0，用来支撑业务平台上云。此类资源池的数量约为 28个，分布在四川、湖南等地，如图 4-9 所示。

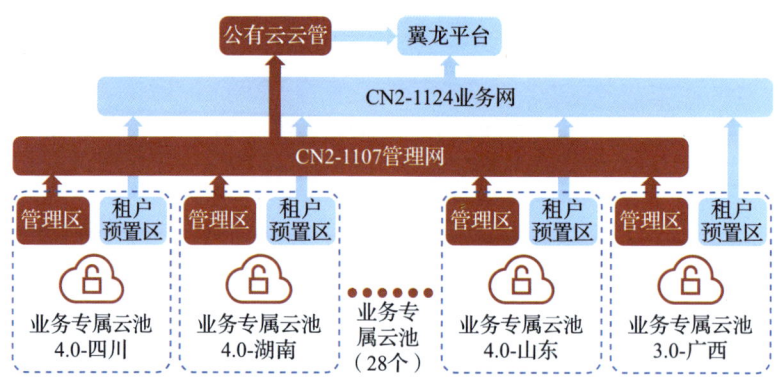

图 4-9　业务专属云池

通过翼龙数字化底座进行统一管理，中国电信遍布全国的存量 IT 云资源池、存量 CT 云资源池、天翼云 2.0/3.0/4.0 云资源池共同组成了中国电信规模庞大的混合云，进一步提升了资源利用率，如图 4-10 所示。

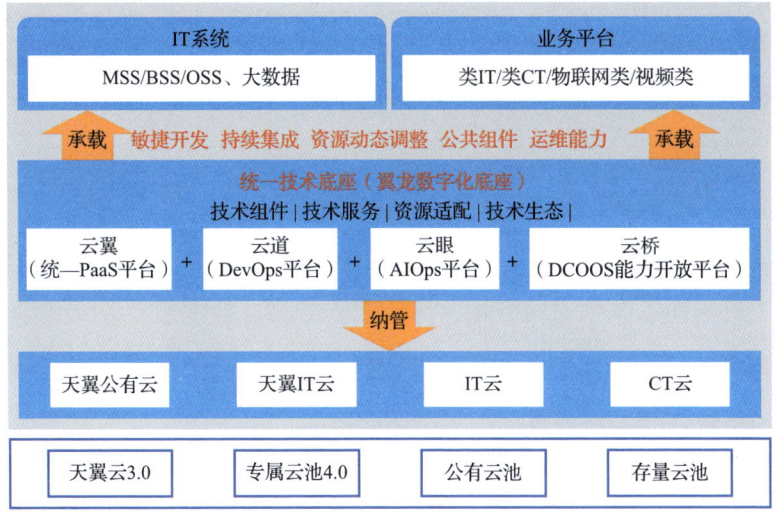

图 4-10 中国电信混合云示意图

4.2.3 选择自研和开源技术

中国电信在自身 IT 上云实践中，选择使用自研的 PaaS 组件技术，补充使用开源的 PaaS 组件技术。这些技术的使用使中国电信的 IT 系统从传统封闭、垂直集成的 IOE 架构，转变为开放、水平扩展的分布式云化架构,解决了最关键的去"O"难题。其中，在数据库、容器、缓存、消息队列等关键技术组件方面，天翼云取得了多个重要技术突破。

4.2.3.1　服务器操作系统

服务器操作系统（CTyunOS）基于 openEuler 社区的国产化自研操作系统，除了作为服务器操作系统，还可以在虚拟化云主机操作系统中进行应用，可用于大数据、数据库、Web 服务等场景，为云网边端全套自研产品提供长期稳定、安全可靠的操作系统产品及技术支持，提供漏洞修复、软件仓库管理等服务，确保技术路线安全。中国电信持续进行核心编译工具链等关键组件的研发，支持国产化芯片及硬件迭代，打造高性能、稳定、安全的国产化自研操作系统。

服务器操作系统的能力特性包括以下三个方面。第一，共建操作系统开源生态，紧跟 openEuler 社区，每 6 个月发布一个正式版本；参与 5 个以上 SIG，累计提交 400 余个 PR。第二，系统内核创新，业界首创内存分级扩展机制，降低内存成本，提高内存超售比；业界首创 bond6 增强特性，首次解决 IPv6 无法正常使用 bond6 的行业难题；eBPF 高性能网络缩短时延，提升性能。第三，云技术创新，主导 DPU 特性联合创新；虚拟机高低优先级研发；应对 CentOS 停止服务，推出整体原地升级方案，实现存量 CentOS 替代。

4.2.3.2　高可用数据库

高可用数据库（TeleDB for MySQL）是一种兼容 MySQL

协议和语法，支持自动水平拆分的高性能、高可靠分布式关系型数据库，实现数据访问对应用的透明性，每个分片默认采用主备架构，提供灾备、恢复、监控、不停机扩容等整套解决方案，适用于 TB 或 PB 级的海量数据场景。高可用数据库采用分布式架构，无服务单点，服务稳定，数据库节点故障自动恢复、秒级主备切换。

高可用数据库的能力特性包括以下四个方面。第一，创新三层存算分离技术、数据库容器化技术及 OLTP/OLAP 混合处理数据库引擎技术，支持行列混存、跨分片关联查询，解决大数据类应用上云去 "O" 难题。第二，研发数据库对象存储、高并发异步 I/O 处理、多维数据切片等技术，实现海量数据存储及透明访问。第三，研发数据库负载控制和复杂 SQL 解析技术，大大提高分布式数据库的并发度和执行效率，提升了处理性能。第四，研发分布式 SQL 指纹技术，提升备份恢复能力和容灾水平。

4.2.3.3　对象关系型数据库

对象关系型数据库（TeleDB for PostgreSQL）提供在线的高可用、高性能 PostgreSQL 服务，面向企业复杂 SQL 处理的 OLTP 场景，支持 NoSQL 数据类型、GIS 对地理信息的处理。

对象关系型数据库的能力特性主要包括以下六个方面。第一，高性能：强大的计算能力及空间地理信息处理能力，2 路鲲鹏性能高达 150 万 TPMC。第二，高可用：可用性 SLA 达 99.99%，

故障秒级切换，保障业务连续可用。第三，安全可靠：提供备份恢复功能及高可用架构，主备支持异步、半同步（大多数场合 RPO=0，可用性不受损）、全同步三种同步模式。第四，支持广泛的数据类型：支持大多数的 SQL 标准数据类型，如 JSON、空间、几何及自定义数据类型。第五，SQL 标准良好支持：支持 SQL92、SQL99 和 SQL2003 等大部分 SQL 标准，支持复杂 SQL 查询，如子查询、窗口函数、统计函数、视图、存储过程等。第六，易运维：覆盖生命周期管理（创建实例、变配、释放、HA、备份、监控、恢复、账号、数据库管理等），通过运维管理平台管理集群。

4.2.3.4　分布式数据库

分布式数据库（TeleDB for UDAL）是一种兼容 MySQL 协议和语法的高性能、高可靠分布式关系型数据库。它能够进行自动水平拆分，适用于处理 TB 或 PB 级海量数据的场景。该数据库实现了数据访问对应用的透明性，使应用程序能够无缝访问分片数据，并且每个分片默认采用主备架构，确保数据的冗余和可用性。此外，分布式数据库还提供了全套解决方案，包括灾备、恢复、监控、不停机扩容等功能，以保障系统的可靠性和稳定性。

分布式数据库的能力特性主要包括以下四个方面。

第一，扩展。分布式数据库自动支持水平拆分，并提供多种分片算法，适用于字符串、数字、日期等多种拆分纬度，在进行业务平滑扩容时，能够实现无中断操作。

第二，开发。分布式数据库支持 SQL92 标准，并全面兼容 MySQL 的协议和语法，在大部分 MySQL 用户端都能正常使用，无须对现有业务代码进行修改。该数据库支持读写分离、SQL 实时统计及对业务能力的量化评估。同时，它还能高效处理 TOP 慢语句和广播语句，为无死角的 SQL 优化提供有力支持。

第三，安全。分布式数据库采用分布式架构，无服务单点，确保了服务的稳定性。它提供了完善的数据层主备容灾方案，并具备故障主备自动切换的功能。分布式数据库的数据存储具有高可靠性，可存储多个数据备份，还可以对重要数据进行异地备份。

第四，运维。分布式数据库提供了易于使用的 Web 控制台，使配置和发布变得简单。它还拥有完善的运维管控报警体系，以确保数据库的稳定运行。此外，用户可以通过一键操作实现数据库的扩容，而无须改变分片数量。

4.2.3.5　分析型数据库PG

分析型数据库 PG（TeleDB for AnalyticDB）是一款拥有自主知识产权的云原生分布式关系型数据库。它基于存算分离架构，具备高性能、低成本、高并发、弹性计算资源扩缩容等特征，能够支撑高达 100PB+ 级别的数据分析。该数据库同时支持实时分析，适用于多维即席查询、历史清单查询、复杂 OLAP 计算等业

务分析场景，使企业能够轻松应对海量数据分析。分析型数据库PG 的能力特性主要包括以下六个方面。

第一，极致扩展性。存算分离架构可充分发挥云计算技术优势，该架构在理论上可以支持无限量的存储资源和计算资源，还具备极速扩缩容的能力，秒级扩缩容可瞬间满足业务资源需求。

第二，支持无限并发查询。分析型数据库PG 突破了传统数仓的并发限制，理论上可以支持无限的并发查询。它通过共享统一的元数据和数据存储，采用增加物理集群的方式来横向扩展集群的并发计算能力，同时保证了集群间数据的强一致性。

第三，支持多云部署。分析型数据库PG 能屏蔽多云IaaS 差异，支持跨多云平台部署，并提供一致的用户体验。借助多云能力，客户可以优化云成本，摆脱对单一供应商的依赖，实现公有云平台间数据的无缝迁移。

第四，负载资源隔离。按需启动集群的方式可以为每个工作负载启动独立的集群。这种方式既能满足不同工作负载对计算节点配置的差异化需求，又能解决工作负载之间由资源竞争而导致的性能问题。

第五，支持多种数据结构和跨库查询。除结构化数据外，该数据库还可以加载和处理半结构化数据。分析型数据库PG 支持跨库查询，并且经过授权可以将不同类型数据库的数据进行关联，从而充分挖掘数据的价值。

第六，易用性。分析型数据库PG 兼容成熟BI 生态，容易与现有的业务系统集成。其也与传统数据库技术生态兼容，支持完整的 ANSI SQL 标准，提供完备的关系模型和 ACID 事务能力。该数据库源自主流的开源数据库 Postgres 和 Greenplum，分析接口 100% 兼容，同时支持流式计算、全文检索、机器学习和科学计算等功能，能够与市场上主流的 ETL 及 BI 工具进行无缝集成。

4.2.3.6　分布式融合数据库

分布式融合数据库（TeleDB for HTAP）是一款融合型云原生分布式数据库，能够同时支持联机事务处理（OLTP）和联机分析处理（OLAP）。该数据库具备弹性扩展、金融级高可用、实时 HTAP、云原生、兼容 MySQL 协议和生态系统等特点，适用于具有大规模数据、高可用性、高吞吐量的业务场景。

分布式融合数据库的能力特性主要包括以下四个方面。

第一，支持分布式事务的水平弹性扩展。该数据库的核心组件计算层 TiDB 和存储层 TiKV 都支持水平扩展。该数据库通过添加 TiDB Server 节点，可以提升整体的处理能力，从而提供更高的吞吐量；通过部署更多的 TiKV Server 节点，可满足数据扩展的需求。系统内部会以数据分片为单位做调度，将现有数据迁移到新增节点上。

第二，多活容灾的金融级高可用。分布式融合数据库的核心组件采用分布式架构，因此能够容忍部分实例失效而不影响整体的可用性。

第三，高效实时的"一站式"HTAP。分布式融合数据库可以同时应用于OLTP的场景和TP/AP混合负载场景，在提供在线交易服务的同时进行复杂分析。该数据库兼容MySQL接口和Spark接口，因此能够实现高性能的实时写入和实时分析，无须进行烦琐且昂贵的ETL过程。这使得其成为一种综合的HTAP解决方案，为用户提供"一站式"服务。

第四，适应云计算环境的云原生数据库。该数据库深度整合了K8s平台，打造了一套基于K8s平台的集群自动运维系统。该数据库通过自定义资源对象（Custom Resource）、自定义控制器（Custom Controller）和调度器扩展（Schedulcr Extender）等方式，为K8s平台注入自身的专业运维知识。这使得用户可以利用K8s平台的功能来管理集群，从而实现包括部署、升级、扩缩容、备份恢复、配置变更等在内的全生命周期管理。

4.2.3.7　分布式PG

分布式PG（TeleDB-X）是天翼云自主研发的分布式数据库系统，其集成了高扩展性、高SQL兼容性、完整的分布式事务支持及多级容灾能力等多种功能。该系统采用无共享的集群架构，同时提供容灾、备份、恢复、监控、安全、审计等全套解决方案，适用于GB级至PB级的海量数据场景。

分布式PG的能力特性主要包括以下五个方面。

第一，弹性扩缩容。分布式 PG 支持通过控制台进行在线扩容，能够在秒级内控制业务。其采用无共享的对等结构和完整的分布式执行引擎，在节点数增加时，其性能会线性扩展。

第二，分布式事务全局一致性。分布式 PG 引入了全局事务管理节点，以管理分布式事务。其支持全局一致性读和完整的 ACID 特性，并且兼容单机 PG 事务使用模式。

第三，丰富的 SQL 支持和生态工具。分布式 PG 在语法方面全面兼容 PostgreSQL 和大部分 Oracle 语法。其还支持大部分 PostgreSQL 插件和生态工具。

第四，多级容灾。分布式 PG 具备强同步复制和故障自动转移功能，确保业务的持续可用性。其还提供基于指定时间点的回档，以保障数据的安全性。此外，其支持"两地三中心"部署，并具备跨地域容灾能力。

第五，企业级数据安全。分布式 PG 拥有内核级的三权分立体系，从系统角色顶层设计上解决了数据安全问题。其具备支持透明加密、数据脱敏、强制控制访问等多层级数据安全保障能力。

4.2.3.8 分布式缓存

分布式缓存（CTG-CACHE）基于开源 Redis 进行数据存储，具备高性能、高可用性、集群部署及海量数据存储能力。其还提供可视化的集群管理、弹性伸缩、集群监控及故障恢复等功能。

分布式缓存的能力特性主要包括以下五个方面。

第一，高性能。分布式缓存通过优化 Redis 单进程模式为多进程模式，实现了按表（group）垂直共享，大幅提升了单机的性能（20 ～ 30w/s）和资源利用率（90%）。其通过水平扩展自动构建集群，突破了单机存储的容量瓶颈和性能瓶颈，并且支持单表 500TB 存储及千万级并发。同时，分布式缓存借助多线程 I/O 多路复用技术，可构建高性能的网络通信模型。此外，分布式缓存利用数据冷热交换算法，整合了内存和磁盘的优势，在降低使用成本的同时，保证了高速的数据读写能力，最高性能突破 9.6 万 QPS。

第二，可扩展性。分布式缓存包含高性能、低延迟的数据服务访问接入层，可实现横向扩展组件集群的能力，突破了单机数据访问瓶颈。分布式缓存支持 1000 个节点和千万级并发；支持一致性 Hash 分片算法和自动水平拆分；支持在线扩容，使得业务对此无感知。

第三，高可用性。分布式缓存提供了实时故障检测、故障通知、故障切换等功能。其还支持平滑数据备份，可自动隔离性能瓶颈和故障节点，以防止雪崩效应的产生。

第四，低成本。通过采用内存—磁盘数据序列化技术，分布式缓存基于硬盘存储完全兼容 Redis 协议，实现了冷热数据分离引擎，解决了 Redis 协议在处理海量数据存储时可能出现的内存使用瓶颈，并进一步降低了应用的使用成本。

第五，易用性。分布式缓存支持 Redis 协议，并高度兼容 Redis 单机版协议。其提供了 API 支持，可以实现按表垂直扩展和按 key 水平扩展的透明访问能力，从而降低了开发难度，提高了代码质量。此外，CTG-CACHE 自带软负载均衡功能，可实现多种负载策略。

4.2.3.9　分布式消息中间件

分布式消息中间件（CTG-MQ）是一种具备消息有序、不重复、不丢失，以及高堆积、低损耗等特性的中间件产品，提供运维管理、监控预警、动态扩容等配套功能。

分布式消息中间件的能力特性主要包括以下四个方面。

第一，高可用。分布式消息中间件应用了高效的写盘策略，支持主备部署策略，以保证消息在磁盘上有多份副本，从而确保消息数据不会丢失。此外，分布式消息中间件新增了一个控制引擎，用于实时监控运行状态，并通过执行控制引擎下发的指令进行主备切换，以提供 7×24 小时的高可用服务。

第二，高性能。分布式消息中间件引入了文件内存映射技术，并采取了存储拆分策略和消息索引机制，以确保在消息高堆积的情况下节点具备高性能。在同步双写模式下，TPS 达到 2.5 万次以上，服务能力线性提升。

当系统中有上亿条 2KB 大小的消息堆积时，性能影响低于 10%。

第三，动态扩展。分布式消息中间件支持按节点、按队列水平在线扩展，同时支持生产者、消费者的动态扩展。

第四，稳定性。分布式消息中间件改进了消费机制，引入了 BDB 数据库。在消息处理的各个阶段，分布式消息中间件利用 BDB 数据库存储的消息状态来判断业务行为，从而实现消息的有序且不重复消费。

4.2.3.10　容器管理框架

容器管理框架（CTG-CCSE）将所有数据中心的计算资源当作一台大型计算机来调度，为整个数据中心提供分布式调度与协调功能，以实现数据中心级的弹性伸缩能力。其提供高效、可靠和安全的数据中心管理能力，确保各类资源随着应用需求的变化动态地被调度，同时简化应用的环境搭建和部署难度。其以集群管理的方式向下管理各个集群，并向上承载应用。

容器管理框架的能力特性主要包括以下五个方面。

第一，高性能。容器管理框架应用了云原生网络插件 CubeCNI，利用"弹性网卡 ENI+ IPVlan"技术，实现了虚拟机和容器网络的直连互通，从而避免了大规模部署时可能出现的性能衰减问题。这种方式能够显著缩短全链路延迟，并减少虚拟网络转发带来的消耗，以支持更高并发。

第二，灵活调度。容器管理框架应用了多种弹性策略，来支持原生 HPA。其中，基于历史指标或事件驱动的弹性伸缩策略，实现了算力的灵活调度，以满足不同场景下的算力调度需求。此外，容器管理框架还扩展了原生 K8s Scheduler 的能力，使其能够自动感知节点的负载情况，在打分阶段选择更优节点来进行调度，以解决 K8s 调度不均的问题。

第三，高可用。容器管理框架提供了全方位的监控功能，支持数据采集、实时计算、数据仓库与离线分析、产品运营与分析、运维管理等。其能够实时检测服务实例，并对故障实例进行快速隔离，以防止故障传播。同时，其支持对故障实例的秒级接管和自我修复。此外，容器管理框架提供高可用和高性能的镜像管理功能，并支持对各个环境进行镜像隔离。

第四，兼容性。结合 NFV 技术，容器管理框架支持使用通用性硬件（如 X86、鲲鹏等）和虚拟化技术。同时，结合 SDN 技术，容器管理框架可实现对网络资源的监控和对网络流量的控制。

第五，DevOps 集成。容器管理框架支持无缝集成 DevOps 套件，以加快需求响应速度和产品交付速度。

4.2.3.11　翼MR

大数据平台翼 MapReduce（简称"翼 MR"）是天翼云推出的国产化、高性能大数据平台产品，包含数据基础能力底座和翼 MR Manager。数据基础能力底座通过对大数据生态组件进行产品化封装，支持数据汇入、海量数据存储、海量数据分析、实时处理、工作流调度等行业应用。翼 MR Manager 提供专业、全面的大数据运维管控能力，能够提高大数据运维人员的工作效率。

翼 MR 的能力特性主要包括以下五个方面。

第一，丰富的大数据生态组件。基于 Hadoop 3.3.3 稳定版本，翼 MR 进行了优化和改进，提供了比老版本 Hadoop 更高的运行效率、更可靠的稳定性和更大规模的集群管理容量。翼 MR 还提供了高性能、稳定版本的开源大数据组件，包括 Hadoop、Spark、Hive、Flink、Kafka、HBase、Trino、Doris、Hudi、SeaTunnel、DolphinScheduler 等。客户可根据场景的需要灵活搭配使用这些组件。此外，翼 MR 还支持 NameNode 实例的"一主多从"架构和 EC 存储策略，以提高 HDFS 的稳定性和可用性，实现低硬件成本的优势。

第二，海量存储能力。翼 MR 采用"Hadoop+Doris"混搭的技术架构，实现了海量业务数据在离线和实时场景下的存储。具体而言，HDFS 提供了海量异构数据的存储能力，数据仓库系统采用 Hive 工具搭建在 HDFS 之上。同时，翼 MR 利用 HBase 列式数据库实现了海量数据的高速查询，使得上层系统能够以秒级速度对海量数据进行查询，并且能够基于 Doris 的能力覆盖点查询业务场景。此外，翼 MR 还支持在线数据查询，可先将多个数据源的数据进行合并，然后跨越整个组织进行分析。

第三，高性能计算引擎能力。数据基础能力底座支持批量计算和流式计算两种模式。其集成了 MapReduce、Spark 等批量计算引擎，用于对海量数据的离线计算，以满足各行各业、各种复杂业务场景下的数据处理需求。针对流式计算，数据基础能力底座集成了 Kafka、Flink 等流式计算引擎，可对不同数据源的

海量数据进行实时分析处理,实现对流式数据的秒级响应,确保
数据的低延迟和高价值。

第四,便捷的运维管理能力。翼 MR Manager 旨在为运维
工程师提供日常的运维管理操作能力。其通过可视化、流程化的
方式对系统中的资源和数据资产进行管理,并具备集群服务管理、
租户与资源管理、配置中心管理、监控与告警、运维自动化、日
志管理等功能。

第五,安全可靠且支持国产化。翼 MR 使用主流 Kerberos+
Ranger 安全技术,实现大数据集群的身份验证和授权能力,确
保数据的细颗粒级安全可控。同时,翼 MR 支持基于 X86 架
构的服务器,以及国产鲲鹏、海光等基于 ARM 架构的服务器,
并且能在虚拟机环境中进行部署,满足公有云、私有云的部署
要求。

4.2.4　云道:开发运营一体化

云上应用的开发运营已演进到新一代的云原生技术架构和
DevOps 研发运营一体化体系。相较于传统的瀑布式开发流程,新
一代云原生敏捷应用的代码托管、编译测试、编排发布、监控运
维等都在云上执行。在这一模式下,研发和运营团队在云环境中
能够高效协作,使应用从被迁移上云逐渐演变为原生于云。云道
的功能如图 4-11 所示。

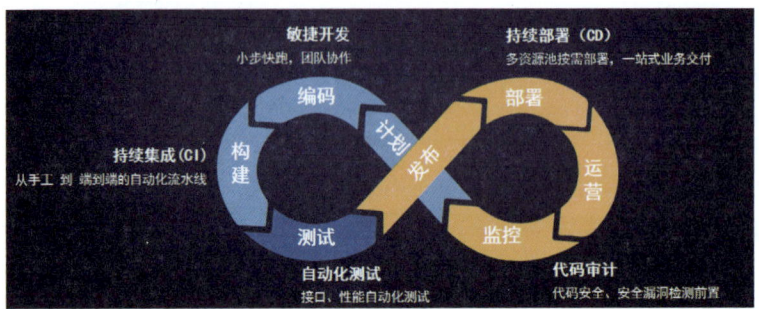

图 4-11　云道的功能

2020年4月，中国电信启动了开发运营一体化的云道项目。

打造开发运营一体化产品，主要是为中国电信内外部研发运营人员提供高效协作和敏捷交付的服务。该产品覆盖了从需求到持续部署、发布的应用全生命周期过程，具备 IT 系统需求分析、代码托管、打包编译、自动化测试、安全审计和持续集成部署等能力。目前，云道已进一步升级为企业级的研发云平台，全面支撑中国电信总部、31 个省公司、500 余个合作伙伴、17 万个用户、1 万多个生产系统的自动化软件流水线部署。云道的架构如图 4-12 所示。

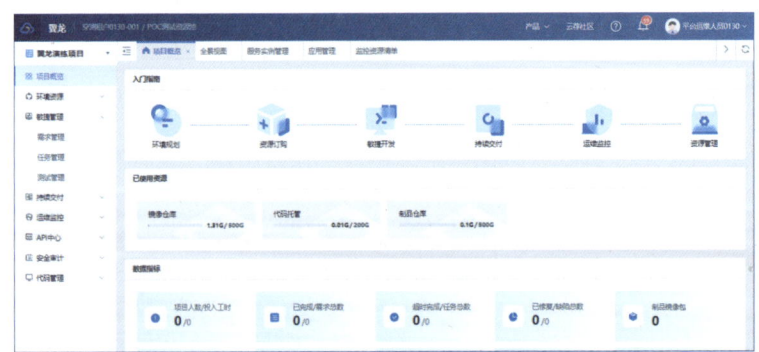

图 4-12　云道的架构

4.2.4.1 敏捷开发，高效协作

云道基于 Scrum，把业务需求分解为可分派、可度量的任务，以持续迭代的项目形式开展研发运营工作。此外，云道通过有效反馈机制敏捷响应需求和变更，并同步提供产品管理、质量管理、文档管理、组织管理、度量数据管理、事务管理等功能。度量中心还汇总了全部能力中心的度量数据，以不同视图向多个角色用户展示研发运营的全貌，实现对应用系统的精益管理。

4.2.4.2 持续集成，持续交付

云道集成企业应用的主流开发环境和 CI/CD 工具链，能够动态管理应用系统的多分支、多版本源代码和软件资产。其分布式地管理测试、预生产和生产的环境，具备灵活地编排流水线的功能，支持多种流程和触发模式，应用主流工具统一管理软件制品和容器镜像。此外，云道还提供了云原生、虚拟机和物理机三类部署服务，支持灰度发布模式和滚动发布模式，并具备人工审核和一键回滚功能。在流水线执行情况全程可视的同时，数据统一被汇总到敏捷管理面板，为企业持续改进提供关键数据。云道的具体功能如下。

第一，分层分级流水线设计。云道创新分层（系统／应用）、分级（开发阶段、测试阶段、发布阶段）的多分支、开放式流水线，

支持灵活编排构建、安全检测、自动化测试、部署等任务。这一流水线设计不仅支持并发执行，而且显著提高了软件版本的交付效率和质量。

第二，三级任务调度算法。云道创新租户、流水线和执行环境的三级任务调度算法，解决了在复杂的上云环境中，多租户、多资源类型和多语言所带来的算力调度问题。通过充分利用边缘节点，该算法有效地应对了规模上云时可能出现的算力瓶颈。

第三，复杂环境一键部署。团队研发了针对传统应用与微服务应用的一键部署功能，突破了主机/容器混合技术和多集群部署技术。

团队还研发了灰度发布模式，有效提高了复杂业务系统的发布效率、稳定性和可监控性。同时，研发的跨资源池、异构部署后端的部署功能，具备全网跨资源池一键发布的能力。

4.2.4.3　自动化审计，安全左移

云道具备代码安全检测能力，能够在源代码中检测不同级别的漏洞，并且能够准确定位缺陷告警点并追溯来源，同时提供详细的修复建议。该能力专注于开发阶段的源代码安全问题，通过自定义规则集、多引擎智能归并和智能调度等方式进行源代码安全检测。同时，云道支持用户按需选择引擎，还可进行 Docker 化部署，从而有利于横向扩展。这项创新有效地解决了单个引擎误报率高、检测速度慢等问题。

云道集成了符合工业和信息化部要求的安全检测规则和工具，检测对象包括 Java/C/C++/Python 等主流企业应用代码、二进制容器镜像和制品包、常用的中间件平台，以支持企业自定义安全规则。

可以将产品安全审计任务纳入 CI/CD 流水线中，以提供自动化和提早预置的安全管控能力。此外，其还可以在平台纳管的应用系统上被便利执行，实现对源代码中不同级别漏洞的检测。

4.2.4.4　自动化测试，保障版本质量

云道具备 API 测试、Web 测试、性能测试和数据测试的能力，实现了对测试用例、测试数据和测试结果的集中管理。在创新方面，云道引入了组合测试技术，解决了多任务间数据同步与传递、多种测试环境对接及多种测试引擎支持的问题，从而实现了测试任务的灵活组合。

云道创新跨域用户授权，允许集团用户将省端测试任务编排到一个测试组合中，并执行组合测试和分析测试的返回结果。这项跨域的测试串联技术支持复杂应用的集成和验收自动化测试，成功解决了两级系统协同测试的问题。

此外，云道还应用了基于 ARM 国产服务器的持续构建测试和交付技术，具备多 CPU 架构和操作系统的应用测试交付能力。

4.2.4.5 集中配置，高效发布

产品应用配置中心在企业应用被迁移到分布式云环境后发挥了关键作用。其涉及服务地址和认证等应用配置的编辑、发布、变更审计、版本回滚和追溯等关键环节，以确保在多节点和测试 / 生产多云环境下，应用能够准确、可控且高效地被配置，防止配置失误造成生产事故。

产品应用配置中心采用生态良好的开源工具框架，其工具插件可以嵌入 Java/C/C++/Python 等主流企业应用开发框架。通过两级中心统一存储应用配置数据，产品应用配置中心能够分布式管理测试 / 生产等多个应用环境。此外，其可实现秒级发布配置指令到指定的应用环境，并可一键回滚，追溯配置变更历史。在安全性方面，不同环境的配置可以导入、导出，并和历史版本比较，在应用安全上支持认证信息的加密处理和 HTTPS 保密传输。通过上述功能，企业应用在上云后能够更精准、高效和安全地管理配置信息。

4.2.5 云眼：端到端立体监控和智能运维

2020 年 10 月，智能运维产品云眼正式在中国电信被投入使用。基于大数据技术，云眼提供了集中的业务"端到端"监控及智能运维手段，对上云系统 IaaS、PaaS、SaaS 各层等进行统一纳管。

其实时计算并生成面向业务场景的业务全流程"端到端"视图，同时还生成面向系统的应用跨三层（IaaS/PaaS/SaaS）的"端到端"视图。基于这两种"端到端"视图，系统能主动进行问题告警，并精准地定位故障原因。

云眼累计监控中国电信全网 67 万余个组件节点，为企业上云系统提供了分钟级问题发现、分钟级故障定位的运维能力，实现了 IT 运营质量的及时掌握，以及 IT 运营维护效率的大幅提升。

云眼由监控采集、数据处理、系统监控、故障定位、告警派单和监控展现 6 个功能模块组成，其为企业带来的四大转变如图 4-13 所示。

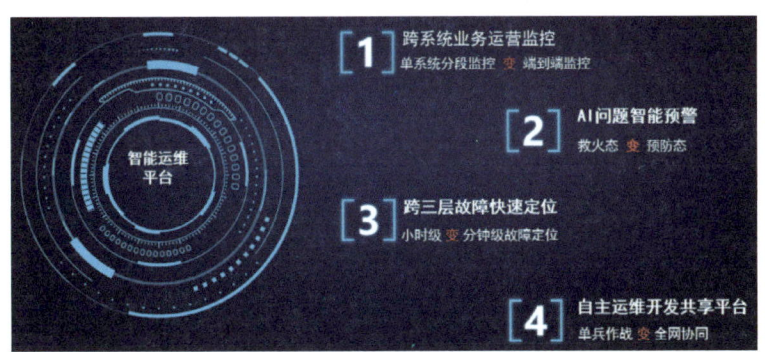

图 4-13　云眼为企业带来的四大转变

4.2.5.1　非入侵、低资源消耗数据采集

第一，非入侵。用户无须修改代码，只需要为应用下载安装

一个 Agent 探针压缩包，就可以对接入的应用进行全方位的监控。所采集的原始数据会通过采集器被分发到 Hbase 数据库和 Kafka 消息队列。

第二，低资源消耗。Collector 采集总体资源的消耗只提高了 3% 左右，用户无须担心采集服务会对主机资源造成过多的占用，这不会影响其他服务的正常运行。

第三，支持水平扩展。支持 Collector 的多实例部署及集群方式的部署（进行负载均衡即可），以支撑大规模的服务器集群与微服务实例的监控。

第四，支持多种接入环境与语言。一方面，用户可按部署环境的类型来接入监控系统进行采集，如容器服务 K8s 集群架构、Docker 集群架构、微服务架构、面向服务架构和传统整体式架构等。另一方面，用户也可按开发应用语言的类型接入监控系统进行采集，目前系统支持 Java 与 Python 语言。

4.2.5.2　分布式数据处理

云眼基于大数据技术对所采集的数据进行多层处理，包括过滤、解析、计算、汇总等，然后将其汇入数据平台。这一流程实现了服务调用的自动发现，同时也能自动构建服务拓扑树并关联相应的告警。通过服务的实例、接口、HTTP，以及执行的 SQL 等维度，对应用系统进行全方位的分析与监控，可实现数据的多方面展现，为用户提供更全面、快捷的数据查询，实现实例级别的故障根因定位。此外，通过 AI 智能关联分析与告警收敛计算模块对阈值进行配置，能够及时、准确地生成告警信息并发送给运维人员。云眼的数据流处理架构如图 4-14 所示。

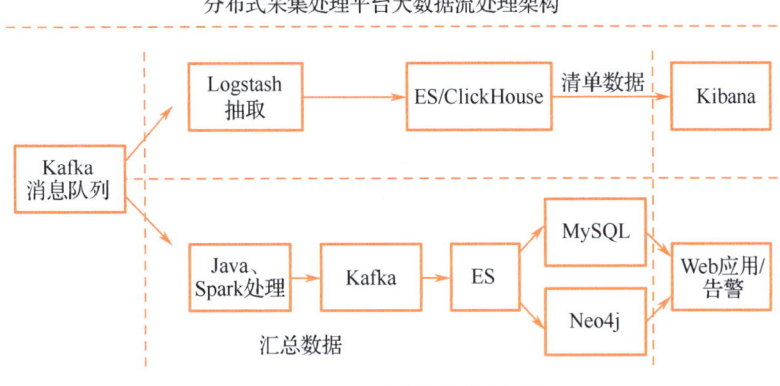

图 4-14　云眼的数据流处理架构

4.2.5.3　IT服务树拓扑关系自动构建

云眼通过混合链（业务链 + 调用链），实现了跨系统、全流程的 IT 服务树拓扑关系的自动构建。在同步调用的情况下，系统会采用调用链向下一节点发起服务请求，并生成相应的调用链拓扑；而在异步调用（如消息队列等）的情况下，系统则采用业务链向下一节点发起服务请求，并生成不同调用链之间的拓扑，从而得到业务场景的全链路、"端到端"拓扑图。

4.2.5.4 跨四层监控和故障诊断

第一，IaaS 层。监控 IaaS 资源的整体运行情况，包括各指标（CPU 使用率、内存使用率、文件系统使用率）的平均情况及 TOP5 情况。

第二，PaaS 层。监控 PaaS 组件实例的整体运行情况，包括各类组件的整体情况、异常情况、关键指标趋势变化等。

第三，SaaS 层。监控核心系统的运行情况，包括整体、各中心、各组件的调用量、响应成功率、响应及时率，以及各服务之间的调用关系和异常告警情况。

第四，业务层。对关键业务的"端到端"场景进行集中监控，对场景的综合健康度进行多维度评分，监控场景关键指标的变化情况。

4.2.5.5 智能化异常检测算法

第一，融合型异常检测算法。在识别时序指标数据波动类型（如趋势型、周期型、随机型等）的基础上，云眼自动选择合适的算法，计算动态阈值，并进行指标异常检测。融合型异常检测算法避免了针对不同场景必须部署不同异常检测程序的问题，同时针对不同波动类型的精准检测，提高了异常检测的精度。

第二，指标波动周期检测算法。在指标异常检测中，指标波动周期是一个非常重要的因子。传统技术往往不区分指标波动周期，或者需要通过人为观察，总结各个指标的波动周期，耗时耗力，且存在较大的误差。云眼基于二次分组迭代的指标波动周期，能够准确获得指标序列的波动周期，从而为指标异常检测打下坚实的基础。

4.2.6　云桥：能力开放

2020 年，中国电信推出了能力开放产品，通过汇聚各类能力，形成一种能力黄页。这一设计实现了能力的高度复用，避免了"重复造轮子"，赋能业务敏捷和创新。目前，云桥已注册中国电信全网 10 万余项高质量 API 能力，能力调用 320 亿次 / 月。

能力开放产品主要由 DCOOS 管理平台、EOP 网关两部分组成。DCOOS 管理平台负责能力的一点注册、一点管理、一点运营等管理职能，EOP 网关主要负责接入、鉴权、流控、安防、编排、适配、转发等生产职能。DCOOS 管理平台的架构如图 4-15 所示。

DCOOS 管理平台由 9 个能力中心和 5 个门户组成。其中，9 个能力中心包括用户中心、签约中心、商品中心、API 注册中心、计费中心、运营中心、社区中心、基础管理中心和安全中心；

5 个门户包括能力提供者门户、能力使用者门户、业务运营门户、平台运营门户和社区门户。

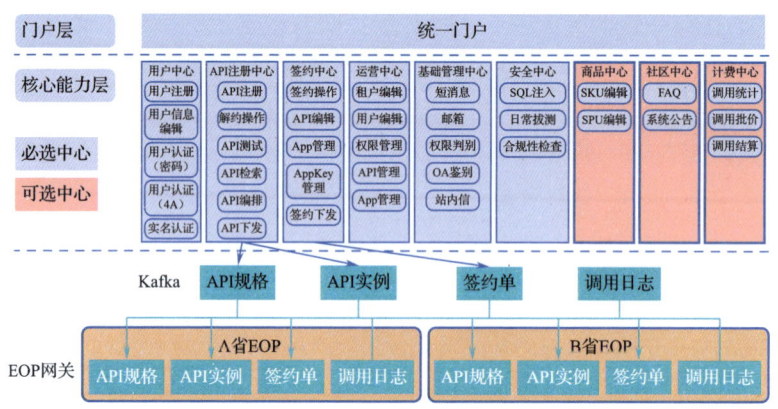

图 4-15 DCOOS 管理平台的架构

EOP 网关由 6 个能力中心组成，包括信息接收中心、API 中心、分布式服务代理中心、运营监控中心、日志中心和安全中心。

4.2.6.1 控制与业务分离架构

互联网技术的核心诉求是去中心化，需要能力开放网关具备高度的互替代性，同时需要核心主数据满足落地集中管控的要求。因此，云桥采用了控制与业务分离架构。

各省通过各级能力开放网关构建了分支中心。云桥通过自身的主备及异地多活方式，实现了跨数据中心环境的高可用性。指令控制核心模块与各级能力开放网关的受控模块，实现了指令和配置的"一站式"对接。同时，各级能力开放网关负责在本区域内实现能力开放的实际操作落地，即控制指令集与业务实现物理分离。控制与业务分离架构最终实现了"一点配置多点生效、一点注册多点使用"的能力及业务的显著增效。

4.2.6.2 跨系统的API编排和组合技术

能力使用者需要根据原子能力快速编排所需的能力，云桥支持多种编排方式，包括能力裁剪、能力串联及能力并联等。在能力裁剪方面，指定能力的调用方通过指令控制，主动屏蔽部分字段，从而实现单一接口对不同类型用户需求的满足。在能力串联方面，当一个能力的出参是下一个能力的入参时，可以通过能力串联将它们组合成一个能力，使用户一次调用即可直接获取结果。在能力并联方面，当两个能力的入参一致时，可以将多个能力的出参合并在一个结果里，从而为用户提供多个反馈结果，实现一次调用即可得到多个结果的便利。

4.2.6.3 基于域名的智能解析技术

在内网环境中，应用在满足域名解析的需求时经常面临请求等待时间过长、服务过慢、服务质量不稳定等问题。为了解决这些问题，云桥优化了域名解析寻址的方法，实现了在任意环境下域名服务器都能进行缓存查询，从而充分保障了查询速度。通过

对解析方法进行代码编程，云桥实现了域名解析功能的接口化，使一个域名可以匹配多个 IP 地址。此外，云桥还使域名解析算法能够在返回的 IP 结果中实现轮询、随机、按照指定比例返回结果，并根据各种运维数据实时演算最合理的结果。这些改进确保了域名解析在内网环境中更加高效、灵活和可靠。

4.3　翼龙数字化底座带来的变化

翼龙数字化底座从雏形到 1.0，又从 1.0 发展到 2.0，带给中国电信及其合作伙伴的变化是显而易见的。在没有建成和应用翼龙数字化底座之前，中国电信从学校和社会招聘来的"天之骄子"，每天都在做着重复而没有价值的工作，如配合合作伙伴准备硬件资源、手工安装基础软件、救火式被动处理各种故障。合作伙伴作为中国电信的外包服务商，要对自己开发和交付的 IT 系统进行全方位的维护保障，既要维护好应用程序，又要维护好基础软件，甚至还要关注硬件设备和网络。在使用翼龙数字化底座之后，这一切都发生了翻天覆地的变化。

4.3.1　基础资源层面

基础资源从系统独占模式改为集约共享模式，带来了两个显著变化。

第一，资源开通效率提升。在云化架构下，应用系统可直接申请需要的 PaaS 资源，全网 PaaS 组件开通由原来的专家手工 3～5 天安装变为现在的自助申请分钟级开通。在传统架构下，从申请、采购、安装到 PaaS 组件部署，往往需要数月的时间。

第二，资源利用率提升。在传统架构下，资源是独占模式的，难以跨系统调度，往往导致部分系统资源不足、部分系统又非常空闲的情况，造成资源的闲置和浪费。在云化架构下，资源集约建设、共享使用，PaaS 组件混合部署，应用容器化可将所有资源当作一台大型计算机来调度等，大幅度提升了资源利用率，减少了企业 6 亿余元的成本投入。

4.3.2　系统运维层面

一是突破性能瓶颈。Web、后台应用、数据库等各个层面均采用分布式集群，可水平扩展、动态伸缩。传统架构在数据库层面通常采用单体架构，存在性能天花板。以某省分公司为例，在

系统上云后业务处理能力提升 50%，每小时订单处理能力达到 8 万张以上，月处理话单 600 亿条，5 小时完成 8000 余万名用户的计费出账，效率、稳定性大幅提升。

二是系统故障率降低。PaaS 技术组件版本统一，成熟度和稳定性高，系统故障次数减少 90%，故障定位时长由小时级变为分钟级。在传统架构下，技术组件版本繁多，各种缺陷层出不穷，故障次数和故障定位时长不受控。

三是主动发现故障。通过云眼数字化智能运维平台，开展云上跨系统监控和跨 IaaS 层、PaaS 层、SaaS 层监控，可实现故障快速发现、快速定位，大幅提升云上问题诊断的效率。而传统架构下的监控较为分散，未全面覆盖，导致故障难以被主动发现、定位和处理，甚至会出现一些技术组件故障因厂商能力受限而无法处理的情况。

四是业务连续性保障能力提升。云化架构全面采用分布式集群，无服务单点，在发生故障时可秒级自动切换、自动恢复，确保业务的连续性。上云后系统连续无故障时间不断刷新纪录，以某省分公司为例，上云后实现连续两个 100 天新技术底座零故障。

4.3.3　系统安全层面

一是核心技术自主掌控能力得到大幅提升。通信网络是关系国计民生的基础设施，IT 系统又是支撑通信网络稳定运营的关键要素，在复杂的国际形势下，很容易受制于人。中国电信基于CTyunOS、TeleDB 等一系列具有自主知识产权、自主掌控的国产软件，构建了"平台 + 应用"的云原生模式 IT 系统基础架构，并结合 IT 全面上云完成大规模升级替换，让企业的生产经营与管理全流程彻底摆脱对国外商业软硬件的依赖，实现"关键核心技术掌握在自己手中"的目标，为推进企业信息系统国产化、自主化，解决关键共性技术问题，摸索出一条实践之路。

二是集中资源加强应用侧的安全防护。随着 IT 技术的迅速发展，信息安全风险也与日俱增。在云化架构下，网络、主机、PaaS 组件等基础设施层面的安全由云服务提供商负责，应用系统可集中资源加强数据防泄露、修复应用系统漏洞、防止恶意内部人员访问等应用侧的安全防护。

4.3.4　业务交付层面

一是应用构建复杂度降低。直接基于底层的 IaaS、PaaS 构建应用，省略了主机安装，以及数据库、中间件部署调试。

二是系统间集成简单化。在云化架构下，系统可直接调用能力开放平台上注册的服务，而在传统架构下，系统需要逐个进行接口方案对接、开发、测试、联调，耗时长，系统间的依赖度高。

三是应用版本快速迭代。基于 DevOps 平台，系统可实现从业务需求提出，到设计、开发、编译、测试、部署的全流程数字化，

迭代周期缩短至小时级。在传统的瀑布式开发、手工部署模式下，迭代周期往往长达数周或数月。

四是应用版本质量提升。在开发流水线嵌入自动化测试、自动化安全审计时，可确保版本质量基线。而在手工部署模式下，往往会出现最新代码部分遗漏、版本包不一致、测试生产环境版本有差异、基础性缺陷、重复性缺陷等问题。

五是显著提升客户感知度。通过架构重构和技术升级，系统性能提升 10 倍，资源实现弹性扩缩容，彻底解决了业务高峰期的业务卡顿、响应缓慢等问题，提升了客户感知度。业务交付时长由月缩短到大，版本灰度发布不停业。系统能力开放解耦、数据拉通和入湖，实现了对于海量数据，由每天离线分析到实时分析和应用的转变。

4.3.5　应用合作伙伴层面

一是研发环境标准化。PaaS 平台包含标准化的研发环境和技术路线，避免了大量的组件选型、试错、缺陷修复工作。技术路线的统一也降低了开发人员的培训成本和应用系统的维护成本。

二是应用快速构建。应用合作伙伴可以专注于业务实现本身，无须投入大量的人力和时间用于环境搭建。同时，成熟的 PaaS 平台可以极大地简化应用开发、部署、交付和升级的工作。

三是加速技术升级。基于 PaaS 平台和云服务提供商的技术支持，技术使用门槛降低，技术路线升级可快速实现，技术架构从单体架构转向分布式、微服务、容器化架构。

相比上云前，应用合作伙伴的研发效率提升了 3 倍，运营成本降低了 50%，这样应用合作伙伴就可以把有限的精力聚焦到应用和业务创新上。

第 5 章

登云

上云是一个系统工程，人才、方法、工具、体系缺一不可！

中国电信通过内部 IT 上云的实践积累了宝贵的经验，形成了一套较为完善的企业上云整体解决方案。

5.1 经验——"五步骤十流程"方法论

中国电信根据内部 IT 上云的实践，提炼并总结出 IT 系统上云实施的"五步骤十流程"方法论（见图 5-1）。"五步骤"主要包括上云规划与分析、确定上云模式、技术选型与设计、上云实施与部署、上云交付与运维。其中，前三个步骤主要依靠具有丰富上云经验和知识的上云专家来完成，后两个步骤主要依靠具备丰富能力的翼龙数字化底座来完成。

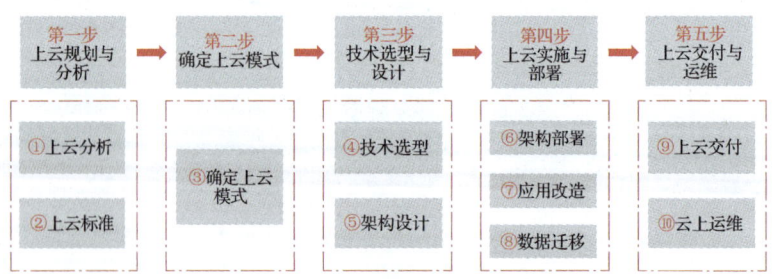

图 5-1 "五步骤十流程"方法论

5.1.1 上云规划与分析

中国电信从性价比、可用性、可扩展性、安全性、合规性等
方面对 3000 余套 IT 系统进行了调研分析，运用理论分析、仿真
实验、测试验证等方法，充分评估了 IT 系统使用云服务的成本、
收益、风险和可接受程度。

中国电信结合实际情况，对照企业数字化转型的整体规划，
从降本、增效、提质、保安全等维度进行上云驱动力分析，输出
中国电信 IT 上云顶层设计。

5.1.1.1 上云分析

中国电信结合自身的信息化规划制定出上云总体规划方案。
以下是制定上云总体规划方案的五个要点。

一是梳理上云清单中系统的技术架构、技术栈、部署架构等
信息，评估现有 IT 系统的架构在承载业务和应用需求时的不足
之处。

二是全流程梳理现有信息化系统在硬件资源准备、系统软件
部署、应用开发测试打包上线、系统运维等方面存在的痛点和难
点。传统信息化系统普遍存在"四慢"和"四难"的问题，"四慢"
是指硬件到位慢、系统软件部署慢、系统软件上线慢、故障业务

恢复慢,"四难"是指性能瓶颈扩容难、故障定位难、系统软件多样性导致的选择和使用难、单体架构导致业务创新难。上述问题可以作为系统上云驱动力分析的一部分。

三是基于信息化系统的应用场景,评估并选择适合的上云技术架构、产品与服务能力。

四是结合企业信息化系统支撑的业务的特点,开展上云迁移调研、迁移可行性分析、迁移方案设计。

五是结合现网信息化系统的资源使用情况,开展资源数据调研,为架构规划与部署做好准备。

5.1.1.2 上云标准

中国电信根据 IT 系统上云的应用场景和技术特点,结合企业成本等约束条件,总结提炼了一套用于系统上云成熟度评估的标准。标准从低到高共分为 L1、L2、L3 三级。

L1:基础设施上云。租用公有云或建设私有云,TeleDB 应用适应性小改或者不改。采用中国电信自研技术完成数据库国产化替代。全量代码统一托管,实现代码的质量与安全管理,通过打造持续交付能力来提升自动化交付能力,并打造自动化运维能力。

L2:云化改造业务。统一 PaaS 技术栈,实现应用云化,使应用具备水平扩展能力和敏捷交付能力。提炼解耦企业的 IT 基础能力、公共能力,并按照能力开放要求对外开放使用。采用容器部署应用,并基于开发运营一体化体系打造持续交付能力。上云系统具备端到端的集中监控能力和智能运维能力，以及与信息系统服务级别相符合的高可用能力。

L3：上云标杆。立足国产自主可控，推出一批具有自主知识产权的国产化 SaaS 软件，实现企业信息化系统的自主掌控。应用采用微服务架构，满足云原生 12 要素设计模式（前后端分离、应用与数据解耦、中心化、微服务设计、无状态设计、应用与配置分离、统一日志、水平扩展、快速启动、优雅下线、容器部署、应用敏捷交付）。系统实现水平弹性伸缩，具备在线发布、灰度发布能力，保持服务提供的连续性。具备成熟的开发运营一体化体系和端到端智能运维体系，提高敏捷交付的效率和质量。

中国电信按照分级牵引、可实施、可评估的原则，结合业务场景、驱动力和效果，对系统进行评估，高级别标准可覆盖低级别标准。建议非核心系统按照 L1、L2 标准上云，核心系统结合流程重构、云化解耦，可以按 L2、L3 标准上云。大型复杂系统可以按 L3 标准上云，采用云原生技术路线，统一 PaaS 组件，实现敏捷开发和智能运维，提升灵活性和稳定性，突破性能瓶颈。小型系统可以按 L1 或 L2 标准上云，重点在于统一 IaaS 和数据库，尽量减少上云成本。

5.1.2　确定上云模式

中国电信根据第一步梳理的上云系统清单，逐一对照每个系

统面临的问题，根据系统特点和约束条件设计不同的上云模式、上云标准。根据不同系统的特点和约束条件确定的上云模式主要包括四种。

重构迁转：实施应用上云评估，采用分层技术架构的模式开发或重构应用系统，迁转到统一规划的云服务平台上，减少重复系统，如各业务域的核心系统。

整合归并：将相关数据和功能迁移到已上云的核心生产系统中，或者将其作为组成部分融入已上云的核心生产系统，减少重复系统，如部分重要业务的老旧系统。

平行迁移：对于由于各种情况不适合改造技术架构的应用系统，不改动其应用层和数据层，将其平行迁移到天翼云的 IaaS 环境中。

关停退网：对于无厂商支撑、无人运维的应用系统，其相关服务由其他已上云系统承载，原应用系统直接关停退网，或暂时保留逐步退网。

5.1.3　技术选型与设计

5.1.3.1　技术选型

根据系统支撑业务的特征，中国电信选取 PaaS 清单内的组件，开展上云应用、架构、安全、高可用等设计。以下是其选取的组件。

联机事务处理系统：根据数据容量选择 OLTP 型数据库，对热点数据进行国产化缓存，对非结构化数据进行分布式存储等，对应用部署使用容器管理框架。

联机分析处理系统：采用自研国产化分布式、并行计算数据库，将数据汇聚至数据湖。

后台数据处理系统：属于计算和 I/O 密集型，可使用云环境下的裸金属服务器，前端处理可以进行容器封装和使用微服务架构，采用国产化数据库。

1. 容器技术

容器是一种虚拟化技术，容器和主机共享硬件资源及操作系统，通过对 CPU、内存等资源的隔离、划分和控制，实现进程之间透明的资源使用。

容器适用于以下四种场景。

（1）作为云主机使用，可以把容器作为轻量级的虚拟化技术。

（2）Web 应用服务：可以先将 Java 运行环境、Web 服务器直接打包为通用的基础 Docker 镜像，再将自定义应用代码或编译程序包加入该基础 Docker 镜像，产生一个新的应用镜像。这时就能以容器的形式启动 Web 应用服务，便于提高应用水平、增强扩展能力。

（3）实现持续集成和持续部署：容器化能最大限度地降低运维成本，保证线上、线下环境完全一致，同时保证线上服务版本

与版本管理发布分支实现统一。

（4）实现应用云原生：容器化部署是云原生应用的基本要求，微服务架构将传统分布式服务继续拆分解耦，形成更小的服务模块，服务模块之间独立部署升级，这些特性与容器的轻量、高效部署契合。按照 L3 标准上云的应用系统，必须采用容器化部署。

2. 典型场景数据库选型建议

在系统上云过程中，中国电信在数据库选择方面总结出以下建议。

（1）高实时性 OLTP 类核心业务系统场景：使用自研分布式数据库（TeleDB+UDAL）企业版，采用 1 主 2 从的高可用架构，如核心 CRM 系统、账务系统等。

（2）高实时性 OLTP 类外围业务系统场景：采用自主研发的分布式数据库 TeleDB 的高可用版，采用 1 主 1 从的高可用架构；对业务可用性要求高的系统，也可以视情况采用 TeleDB 的企业版，如服务质量管理系统、佣金系统等。

（3）OLTP 类业务系统的测试环境场景：当生产环境采用的是 TeleDB 时，该类系统的测试环境可以使用自研分布式数据库 TeleDB 的基础版，采用单机版，核心系统的测试环境也可以采用 TeleDB 的高可用版。

（4）分布式数据库 TeleDB 的分片建议：当 TeleDB 的容量≥2TB、单表数据量≥5000 万行时，建议根据业务特征采用数据库分片方案。对于分片模式，可参考分布式数据库产品手册。

（5）分布式数据库 TeleDB 的基本应用约束：禁用存储过程、函数、触发器、视图、外键，所有逻辑在业务上实现；避免使用 JOIN 关联 5 张以上的表；将复杂的大 SQL 拆分为多个小 SQL，语句尽量简单，不在数据库内做复杂运算；拒绝三大类型 SQL，即大 SQL（Big SQL）、大事务（Big Transaction）、大批量（Big Batch），禁止在数据库中存储图片、文件等大的二进制数据，是实现应用与数据解耦的关键。

（6）地图、位置业务系统场景：采用自研数据库 TelePG。

（7）存储过程改造代价大的 OLTP 业务场景：采用自研数据库 TelePG。

（8）应用对 Oracle 语法依赖度高的 OLTP 业务场景：采用自研数据库 TelePG。

（9）关联复杂查询多、容量大于 2TB、单表数据量大于 5000 万行的 OLTP 场景：采用自研数据库 TelePG。

（10）汇聚库、历史库、查询库、统计库场景：采用自研数据库 TelePG，当数据量大于 15TB 时，需要考虑分库、分表，可参考 TelePG 产品手册。利用数据库同步工具，将 TeleDB 数据汇聚到 TELEPG 数据库作为查询汇聚库。

（11）具备 OLTP 和 OLAP 的业务场景：采用自研数据库 TeleHTAP。

（12）全文检索场景：建议采用 Elasticsearch。

（13）运营日志、业务日志、访问日志、审计日志等场景：

海量日志的存储分析、日志数据分析，可采用 ELKB 方案。

（14）非结构化、半结构化、大数据量的场景：采用 HBase 数据库。

（15）图数据模型（图节点和图关系处理和存储）业务场景：采用 TeleGDB。

（16）大量时间序列数据处理和存储场景：采用 OpenTSDB。

（17）并行大数据计算场景：采用 TeleDB For MPPDB 数据库。

（18）数据库存储介质的选择：数据库存储介质有 FLASH 闪存、SSD、SAS、SATA。高实时性 OLTP 核心业务数据库采用 FLASH 闪存或者 SSD。外围业务数据库采用 SSD，对实时性要求不高的场景可以选择 SAS。测试环境数据库采用 SAS 或者 SATA。HBase 和 ES 数据库一般采用 SAS 或者 SATA。历史库和归档库可以采用 SAS 或者 SATA。

（19）数据库资源共享：为了提高设备资源使用率，数据库资源共享分为物理机共享实例隔离和实例共享 SCHEMA 隔离。在多业务共享数据库资源时，需要在运维监控中及时识别异常消耗资源的应用，并及时自动化处置该应用，避免因为一个异常应用影响整个数据库平台的其他业务，及时控制异常应用的影响范围。

（20）数据分级存储：数据模型设计应方便对生产系统的数据进行定期清理，历史数据和归档数据需要定期被迁移到历史库和归档库存储，使生产系统尽量"瘦身"。

3. 缓存技术

缓存技术适用的业务场景主要包括以下三种。

（1）热数据读写。

利用缓存读写需要频繁访问的数据，可以成倍地提升访问效率，减轻数据库的读写压力。热数据读写场景如图 5-2 所示。

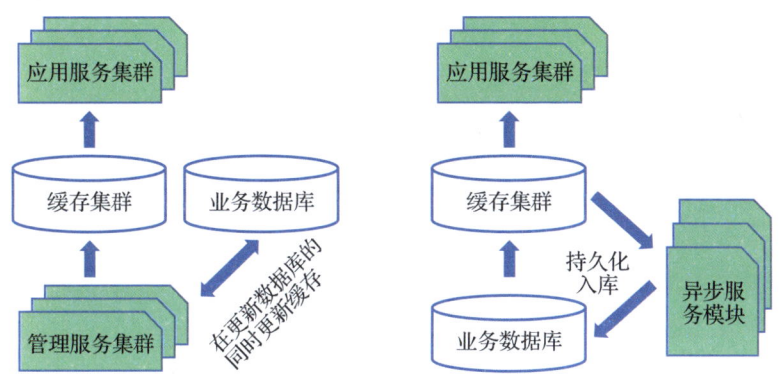

图 5-2　热数据读写场景

（2）中间结果、计数器、分布式锁。

将缓存作为需要高速存取的应用计算的中间结果、计数器，可以显著提升运算速度；利用缓存实例（Redis）的单进程、单线程，以及提供的 SETNX、GETSET 等原子操作，可实现分布式环境下的加锁、解锁。中间结果、计数器、分布式锁场景如图 5-3 所示。

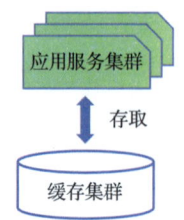

图 5-3　中间结果、计数器、分布式锁场景

（3）会话缓存。

在利用缓存实现分布式服务下的 Session 共享，解决负载均衡问题时，Session 不能共享，即不能跨服务器访问 Session。会话缓存场景如图 5-4 所示。

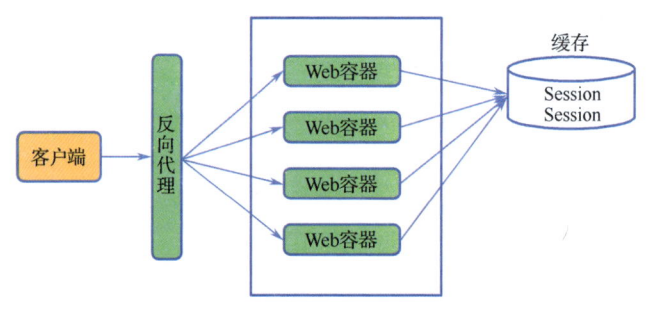

图 5-4　会话缓存场景

4. 消息技术

中国电信自主研发的 CTG-MQ 可以提供高效、可靠的消息传递服务，解决分布式应用系统之间的消息数据通信难题。Kafka 用于构建实时的数据通道和流式的应用程序，提供高吞吐

量消息处理。表5-1所示为 CTG-MQ 与 Kafka 的特性对比。

表 5-1　CTG-MQ 与 Kafka 的特性对比

对比项	CTG-MQ	Kafka
可靠性	支持同步和异步刷盘、同步和异步复制；对应的配置参数简洁、清晰；在同步复制和刷盘模式下，可靠性高	默认异步刷盘和复制，对应的配置参数不清晰，可能因此导致数据丢失
严格的消息顺序	支持严格的消息顺序，在顺序消息场景下，一台Broker在宕机后，发送消息会失败，但是不会打乱消息的顺序	支持消息顺序，但是一台Broker在宕机后，就会产生消息乱序
单机支持的队列数	单机队列数变大，性能下降不明显	单机队列数变大，性能下降严重
消息回溯	支持按偏移量和按时间回溯消息	按偏移量回溯消息
消息查询	支持管理台或命令行按照Key/ID/offset查询消息	查询方式少，粒度粗
客户端支持	Java/C++	Java/C++/Python/Go等
开源系统Bug修复	对核心源码的掌握程度达100%；可持续自主维护	依赖社区
产品生态圈	较少，待扩展	具备天然的产品生态圈优势，如和下游的Spark/Storm/Flink/ ELK（均在清单内）等组件结合使用
运维能力	完整的运维能力	无
定制化需求	自主研发，纳入迭代开发	无

在业务被拆分成多环节、对消息追溯和可靠性有要求的情况下，需要完备的运维平台来操作管理，此时应选 CTG-MQ。

Kafka 主要用于日志收集和传输，适合高吞吐量、大量数据的服务日志收集业务。如果数据主要被用于监控和告警，而非业务处理，同时主题数较少，推荐使用 Kafka。

5.1.3.2 架构设计

中国电信根据系统支撑业务的特征选择合适的 PaaS 技术，并根据业务需求估算云资源需求量，选择合适的云资源模式。

中国电信通过收集业务量需求、选定组件规格，确定组件实例规模。关键参考指标包括存储数据量、TPS（每秒事务处理量）需求、数据增量等。

中国电信根据业务性能需求及组件规格，选择合适的云资源规格，确定所需云资源的数量。关键参考指标包括组件需求、性能需求、CPU 占有率、内存占用率等。

中国电信结合网络安全要求，统筹考虑 PaaS 集约共享模式，根据各子系统的业务及关联情况，合理划分安全域，打通云间网络。关键参考指标包括可共用性、数据隔离需求、安全防护等级等。

5.1.3.3 安全设计

中国电信根据企业 IT 系统上云的整体安全建设和架构，从应用系统安全建设、互联网暴露面安全建设两方面对应用系统进行合理的安全规划和安全建设，以确保 IT 系统上云的应用系统和业务服务的安全运行。

1. 应用系统安全建设

在应用开发和部署阶段，中国电信的应用开发部门和应用开发伙伴明确安全开发职责和内容，遵循 PaaS 组件开发规约，提前规划好应用编码安全基线标准，制定应用编码安全、应用部署安全、应用访问控制、网页防篡改等安全措施。

2. 互联网暴露面安全建设

互联网暴露面是指具有公网 IP 地址、公网端口，可通过互联网直接访问的 IT 类信息系统。中国电信按照"谁主管谁负责、谁运营谁负责""管业务必须管安全、管生产必须管安全"的原则，落实互联网暴露面网络安全管控工作，明确各业务 / 网站 / 系统 / 平台内部的具体责任单位和责任人，严格把控互联网暴露面的全生命周期管理。

（1）互联网暴露面入网管理。

互联网暴露面的开通应遵循最小化原则，仅开放业务必需的 IP 地址、端口与域名（如果有）。

开通方案需要明确该暴露面与互联网其他系统、内网系统的连接关系，以及可访问该暴露面的对象，并明确落实访问控制策略。

对互联网暴露面的操作系统、中间件、数据库、应用系统进行定期的脆弱性核查，对发现的隐患及时进行处理，最大限度地降低风险。

动态掌握互联网暴露面清单。清单内容应包括（但不限于）互联网暴露面的 IP 地址、开放端口与服务、域名、责任部门、责任人、面向对象，以及对应的等级保护备案单元、等级保护级

别等信息。

（2）互联网暴露面下沉管理。

中国电信定期对互联网暴露面各系统的访问流量、活跃用户数、被访问次数三个指标进行分析，形成分析报告。对于在三个指标上排名靠后的系统，重点分析其继续保留互联网访问的必要性，形成处置方案，对于不必要的系统予以关停或下沉。

对于服务对象相同、功能类似的互联网暴露面，中国电信予以归并，尽可能地缩减公网的暴露面。

中国电信的互联网暴露面必须全部落实入侵防御系统（IPS）覆盖，其中网站类的互联网暴露面，必须全部落实网站应用级防火墙（WAF）覆盖。对于不满足本项要求的互联网暴露面，应断开互联网连接进行整改。后续如需重新上线，应将其视为新建互联网暴露面，进行审批与开通。

对于不适宜集中迁移入云的系统，中国电信采用流量牵引方式使其通过专用网络设备连至互联网。

对于无法入云或单独部署 WAF 的网站类系统，中国电信通过采用反向代理方式实现云 WAF 集约覆盖。

（3）互联网暴露面安全防护。

中国电信对互联网暴露面有以下四个安全防护措施。

① 根据互联网暴露面对应系统预设的网络安全等级，采取相应的安全防护措施。

② 将互联网暴露面纳入网络安全集约防护威胁监测与防御体系，实现统一监测、集约防御。

③ 对互联网暴露面实现安全基本信息动态管理覆盖，建议统一管理互联网暴露面的远程维护通道。

④ 定期对互联网暴露面各系统进行安全检测，如敏感信息泄露检测、系统越权检测、框架功能组件检测、系统授权检测等。

5.1.3.4 高可用设计

1. 系统业务连续性

系统业务连续性主要包括以下三个方面。

（1）高可用性。

高可用性是指在本地出现故障的情况下，系统仍能提供持续访问应用的能力，无论这个故障是业务流程、物理设施层面的，还是 IT 软硬件层面的。

（2）连续操作。

连续操作是指在所有设备无故障时保持业务连续运行的能力，用户无须因为正常的备份或维护而中断应用。

（3）灾难恢复。

当生产中心遭遇灾难时，系统能够在不同的地点恢复数据，这通常由复原时间目标和复原点目标两个因素决定。

2. 系统高可用方式

针对系统满足业务的连续性需求要结合性价比，中国电信提供了三个等级的高可用方式。根据具体应用场景选择适合的高可

用方式。系统三级高可用方式如表5-2所示。

表5-2　系统三级高可用方式

高可用性	连续服务	灾难恢复	高可用方案	部署要求	备注
低，IT平台发生故障无影响	低，可以随时维护	低，数据需要备份，具备一定容灾能力，RPO>15min、RTO>30min	业务/组件/数据库集群部署，数据异地备份（RPO与备份周期相关，RTO与数据量相关）	数据备份集群部署	数据变动较小的系统
中，能够容忍平台的服务性能变化、部分服务中断	中，有运维时间窗口，服务能够中断	中，数据重要，备用环境可随时恢复服务，RPO<15min、RTO<30min	业务具备冷备（只读）环境，组件/数据库提供集群（主备）模式，数据异地备份、容灾（RPO与备份周期、数据量、同步时延相关）	数据备份数据容灾异地主备	有服务时间段的核心系统
高，能够容忍平台的服务性能下降，服务不可中断	高，服务不能中断	高，数据重要，服务不可中断，RPO<1min、RTO<30min	业务双活，组件/数据库提供集群（主备）模式，具备同城异地多AZ双活部署，数据异地备份、容灾（RPO与备份周期、同步时延相关）	数据备份异地双活/多活	7×24h提供服务的核心系统

3. 高可用方案

（1）数据备份。

原则上，所有生产系统的数据备份，都应按照数据源类型统一进行，不同系统选择不同的备份策略。中国电信提供本地、异地两类备份目的地，以满足安全、内控审计的要求。异地备份数据要求压缩传输，提供能够对备份结果进行有效性检查的环境与验证功能。

（2）数据容灾。

上云后，数据容灾适用于对成本敏感、对 RPO 要求高、对业务连续性要求高的系统。在主生产中心数据库的故障无法恢复时，可快速切换到备生产中心数据库，使用数据同步工具完成主备生产中心之间的数据同步。备生产中心供周边系统运维查询，减轻主生产中心的压力，提高资源效益。异地两中心之间的网络质量必须满足数据复制 / 同步的要求，异地主从复制需要谨慎选择半同步，建议选择异步复制。部署必要的监控，确保复制 / 同步数据的完整性（见图 5-5）。

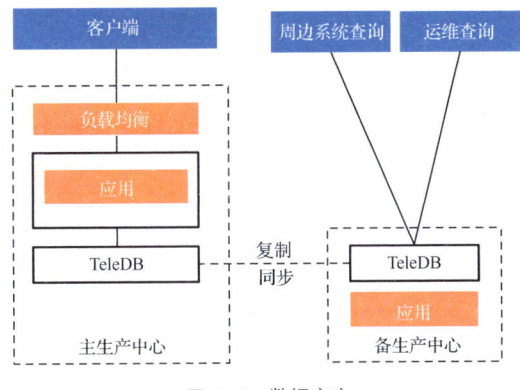

图 5-5　数据容灾

（3）异地主备。

异地主备适用于对 RTO 要求高、可以适当牺牲 RPO 的系统，将只读流量路由到备生产中心，分流核心生产系统的压力，提高资源效益，异地主备如图 5-6 所示。异地主备的应用需要具备超

时熔断、重试管理、自动重连管理的机制，同时需要做少量的适配性改造，满足 PaaS 组件的主备切换要求。

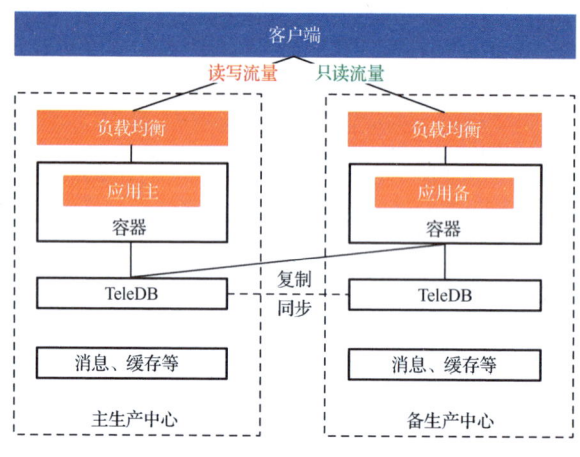

图 5-6　异地主备

外围系统需要同步容灾，否则切换后系统功能使用会受到影响。数据库单向同步，首选主从复制，备选数据同步工具，缓存、消息采用主备集群，备生产中心的应用首选连接主生产中心的数据库、缓存、消息集群。访问全部由 IP 地址改为域名方式，系统对外提供读写、只读两个域名，分别将流量路由到主生产中心和备生产中心两个中心。

（4）异地双活 / 多活。

异地双活 / 多活适用于对 RTO、RPO、业务连续性要求都很高的系统。多数据中心同时对外提供系统服务，对外只有一个域名，两级负载均衡，顶级需要具备流量智能调度能力。数据库双向同步首选数据同步工具，备选主从复制。缓存、消息同步首

选应用双写，备选双向复制。应用同时连接主备 PaaS 集群，首
选使用本中心集群，需要具备超时熔断、重试管理、自动重连
管理、双写带来的分布式事务管理等机制。双向同步对数据模
型设计要求很高，需要容忍双向同步死锁带来的性能影响。异地
双活 / 多活如图 5-7 所示。

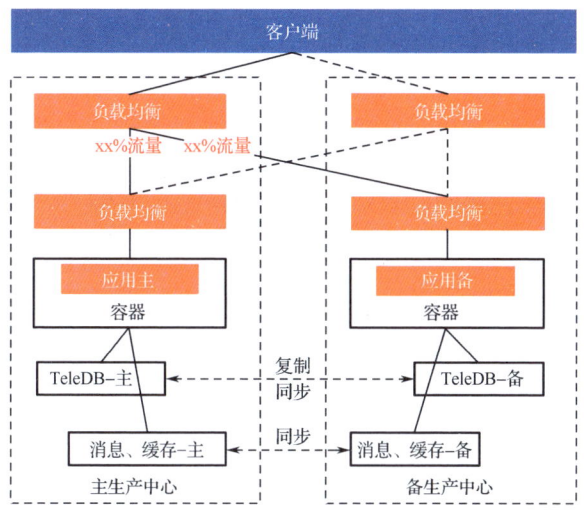

图 5-7　异地双活 / 多活

5.1.4　上云实施与部署

5.1.4.1　架构部署

IaaS：以业务需求为导向，根据不同场景，合理选择裸金属

中国电信上云历程

服务器、云主机和容器等不同资源类型。中国电信在推进内部系统上云时大量采用"裸金属服务器 + 容器"的资源使用模式，使资源使用效能得到大幅提升。

PaaS：结合系统重要性、访问量、数据量、保障级别、安全隔离、运维模式、组件自身权限与资源隔离特点，设计组件集群的灵活部署模式。中国电信自主开发了一套 PaaS 管理平台，实现了多种 PaaS 技术的统一管理。生产环境运行 PaaS 实例通过采用主从、分布式集群等技术实现高可用，确保 PaaS 层的稳定。

SaaS：对业务时延敏感、资源密集型服务中心和大型数据库采用裸金属服务器部署；业务压力小、非资源密集型服务中心采用虚拟机或者容器部署；微服务采用容器部署；Web 服务和 App 采用虚拟机或者容器部署。结合云资源多 AZ 的特性，SaaS 层可以采用多集群部署，充分利用在线发布、"金丝雀"发布的能力，确保业务提供的连续性。

5.1.4.2 应用改造

数据库改造遵循最低改造成本、计算上移、数据库"瘦身"等原则，完成数据库国产化替换。

应用层改造遵循 PaaS 组件开发规约，按照统一的日志规范输出日志，按照能力开放要求在企业能力开放平台进行能力注册。

分布式架构改造重在对大型复杂系统进行前后端解耦，进行系统中心化、微服务化设计，支持水平扩展，实现灰度、在线发布，升版不停业，保证业务的连续性。

5.1.4.3　数据迁移

数据迁移主要涉及数据库抽取、转换和写入三大步骤，数据迁移工具云迁如图 5-8 所示。数据迁移根据数据源、目标数据库的类型分为同构数据库迁移和异构数据库迁移，根据迁移模式分为冷迁移和热迁移，根据数据流向分为数据备份、数据分发、数据汇聚等。

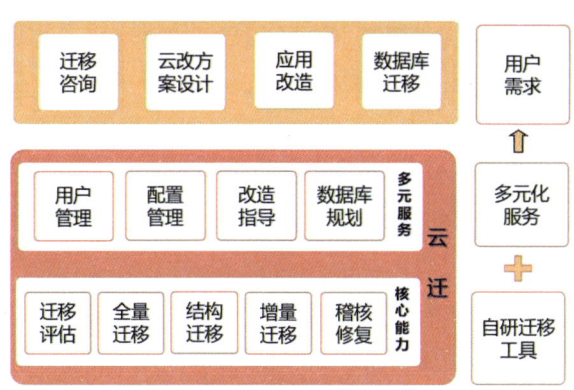

图 5-8　数据迁移工具云迁

中国电信自主研发的数据迁移工具——云迁，支持 Oracle、MySQL、PostgreSQL 等主流数据库，支持同构或异构数据库之间的数据迁移，具有库表列三级映射、数据过滤等多种数据迁移特性，适用于数据库上云、云间实例迁移、数据库下云等多种场

景。云迁通过配置任务调度策略，也可应对数据备份、数据分发、数据汇聚等数据流动场景。

5.1.5　上云交付与运维

5.1.5.1　上云交付

敏捷开发使软件研发、运营流程中的不同角色以小步快跑的敏捷模式高效协作，按预期功能、进度计划持续交付高质量应用，让传统的烟囱竖井文化职能型团队转型为适应数字经济、敏捷交付业务价值的研发运营一体化团队。

持续集成／持续交付（CI/CD）是研发运营一体化的核心，让应用软件在自动化流水线上快速完成从写代码、编译、打包到部署、发布的任务。中国电信通过执行持续迭代的流水线任务，确保多变的业务需求得到快速响应、业务创新可快速验证、不同版本应用能随时发布和切换，从而实现敏态数字企业的目标。

在将企业应用迁移到分布式云环境后，服务地址和认证等应用配置的编辑、发布、变更审计、版本回滚和追溯成为应用运营的关键环节，确保了多节点和测试／生产多云环境下应用配置的准确、可控和高效发布，从而防止配置失误造成生产事故。

安全审计是企业应用必须具备的能力，基于行业的安全合规要求和企业自定义的安全目标，对企业应用的安全状况进行评估、记录和跟踪，让企业运营合规。在企业应用上云和转型为敏态迭代模式后，传统的私有环境工具和手工执行方式已经难以满足安全审计的需求。

代码质量管理与测试不同，它主要在软件研发过程中保证代码的质量，及时发现问题并做好事中控制，同时给出改进建议。代码扫描主要考虑编码规范、复杂度、分支覆盖度、安全漏洞、合规性等方面的要求，根据预设的规则自动进行代码检查，发现需要改进的问题，并提供可视化展现和扫描报告。在问题修复后，可以再次进行扫描验证，以避免问题代码在后续环节中被发现，降低修复成本。

自动化测试把传统的人力执行测试的过程转换为机器执行测试的过程，从而节省人力成本和时间成本。尤其是在 IT 系统上云过程中，持续交付相比传统开发模式而言，测试的工作量大大增多。因此，如何合理利用自动化测试开展回归测试，是保证软件质量及交付效率的关键。

灰度发布可根据需要随时进行灰度环境验证，在验证通过后再切换到正式环境。在发布过程中，业务使用和客户感知不会受到影响，从而保证业务的连续性。

快速回退功能支持在发布过程失败或验证失败后快速回退到上一个可用的应用版本。

5.1.5.2 上云运维

在应用系统上云后，系统架构变得更加复杂，资源规模也

变得更加庞大。系统除了具备实时监控 IaaS、PaaS、SaaS、网络等全方位的运行情况，实时展现性能指标、告警，实时故障发现和故障定位等能力，还迫切需要实现更加智能化的运维。智能运维可以更好地助力云原生的应用开发，降低运维成本，提高服务质量。

智能运维是对运维系统的智能化，即将人工总结运维规律的过程转变为自动学习的过程。智能运维将平时运维工作中长时间积累形成的自动化运维和监控等能力，如监控、规则、配置、执行等部分，进行自学习的"去规则化"改造，最终达到终极目标，即由 AI 调度中枢管理，实现质量、成本、效率三者兼顾的无人值守运维，力争使运营系统的综合收益最大化。换言之，利用大数据、机器学习和其他分析技术，通过预防预测、个性化和动态分析，可直接或间接地增强 IT 业务的相关技术能力，实现所维护产品或服务的高质量、合理成本和高效支撑。

5.2 成效——"六个一"能力

中国电信通过 3000 余套系统上云的最佳实践，具备了上云的"六个一"能力。

5.2.1　一套上云方法论

中国电信通过 IT 上云实践，自主创新了一套"五步骤十流程"方法论，实现了从原来以手工为主的上云模式到以工具、方法为主的流水线上云模式的转变，创造了 3 个月规模上云 1300 套系统的纪录，上云效率提升 32 倍。

5.2.2　一套上云成熟度评估标准

中国电信通过 IT 上云实践，沉淀并总结了一套上云成熟度评估标准。该评估标准从最基础的基础设施上云，到应用系统的云化改造，再到全面拥抱云原生、应用 SaaS 化改造，共分为三级。该评估标准在技术方面涵盖了 IaaS 层上云标准，PaaS 层操作系统、数据库、中间件等的上云标准，SaaS 层分布式、微服务、容器、云端分发、多租户模式、计量计费、可配置化、能力开放、数据入湖等的上云标准，尤其针对最高等级的上云应用 SaaS 化制定了11 项细化的评审标准。上云成熟度评估标准除了技术要求，在其他方面也包含重要的评审细则，包括开发运营一体化、业务连续性保障、智能运维、国产化要求等。中国电信通过应用这套上云成熟度评估标准，可以量化系统上云的具体要求与效果。

5.2.3　一个翼龙数字化底座

中国电信自主创建了翼龙数字化底座，实现端到端的上云、用云、管云的能力。中国电信通过对传统 IT 系统建设、需求交付等过程进行改造和升级，开发形成 IT 系统端到端数字化和智能运维的能力集合。通过云翼，全网 PaaS 组件开通由原来专家手工 3 ～ 5 天安装变为自助申请、分钟级开通。通过云道，全网应用实现自动化测试、代码审计、流程编排、一键发布等端到端自动化集成能力，加快了业务交付速度。通过云眼，开展云上跨系统监控和跨 IaaS 层、PaaS 层、SaaS 层的监控，实现故障快速发现、定位，大幅提升云上问题诊断的效率。通过云桥，实现全网能力统一开放、统一管理、统一运营。翼龙数字化底座促使传统 IT 系统在技术架构、应用架构、开发模式和运维模式四方面实现了转型。

5.2.4　一个合作伙伴生态

在上云过程中，中国电信与合作伙伴互利共赢，共建上云生态。中国电信通过与合作伙伴签订上云合作协议（见图 5-9），并开展上云技能培训认证，利用翼龙数字化底座进行开发和运维，使合作伙伴的研发效率提升 3 倍，运营成本降低 50%。面向合作伙伴，中国电信进行了 IT 上云初级技能培训认证，使 230 余个合作伙伴中约 10000 人通过了认证，获得中国电信上云技能认证证书（见图 5-10）。此外，中国电信开展云管理服务提供商的招募选拔，从合作伙伴中筛选出 14 个作为自己的云管理服务提供商。

图 5-9　签订上云合作协议

图 5-10　中国电信上云技能认证证书

5.2.5　一套赋能培训体系

5.2.5.1　"五类三档"人才培养体系设置

中国电信结合自身 IT 上云实践，设计了"五类三档"人才培养体系，并进行了详细的课程设置。"五类三档"人才培养体系如图 5-11 所示。

专业		三档		
		工程师	架构师	咨询师
五类	上云产品与方案	√	√	不设
	应用云化与DevOps	√	√	不设
	开源云PaaS与架构	√	√	不设
	IT上云实施与云上运维	√	√	不设
	IT上云咨询规划	不设	不设	√

图 5-11　"五类三档"人才培养体系

其中，"五类"具体包括以下五个部分。

上云产品与方案：掌握上云产品和成熟方案，此类人才适合提供售前解决方案，一般企业不需要配置。

应用云化与 DevOps：掌握 DevOps 理论并应用于实践，此类人才适合应用上云。培训方案适用于企业信息化人员、开发人员，以及信息化合作伙伴。

开源云 PaaS 与架构：掌握 PaaS 组件的使用技能，此类人才适合进行技术架构设计。培训方案适用于企业信息化基础设施人员与信息化合作伙伴。

IT 上云实施与云上运维：掌握上云迁移和云上运维，此类人才适合做项目交付和一线运维工作。培训方案适用于企业信息化维护人员。

IT 上云咨询规划：综合掌握上云的方法、技术、培训等，此类人才适合做上云咨询和顶层规划。培训方案适用于企业信息化规划人员。

中国电信针对"五类三档"人才培养体系设计了清晰、完整的课程计划，课程涵盖"天翼云 4.0""上云方法论""翼龙平台""PaaS 治理与组件""云上运维""DevOps 理论与认证""标准与规范""项目经验和实操"等多个大类，总课程数超100 门。

5.2.5.2 多种类型的培训认证组织

1. 腾云计划

"腾云计划"面向中国电信全体员工，是全体员工用来系统学习上云知识和技能的计划。"腾云计划"每年开展一次，从 2021 年的腾云 1.0 发展到现在的腾云 4.0，培训主要采用线上直播方式，每周安排 1 ~ 2 节课程，贯穿全年，员工可根据自身工作需要自主选择学习。"腾云计划"认证考试分为

理论考试和实操考试，根据"五类三档"人才培养体系的技能要求设置不同的考试题目和难度。"腾云计划"除系统性地开展内部培训和考试外，还鼓励员工积极参加与上云相关的外部培训和认证，如 DCA、DOF、DEC 等。

自"腾云计划"开展以来，中国电信每年参加培训的人数超过 8000 人，累计参加培训人数超过 2 万人，取得考试认证的人数超过了 3000 人，这极大地扩充了中国电信上云人才储备。"腾云计划"的培训对象涵盖了集团公司、31 个省公司和 15 家专业公司的员工。"腾云计划"的培训能够让员工及时进行知识更新，省去了他们自己找资料、找课程、找培训的麻烦。

2. 燎原计划

"燎原计划"由中国电信人力资源部组织，面向各个专业部门开展集中培训。"燎原计划"平台型人才培养是为中国电信 IT 系统和业务平台上云，以及服务客户 IT 上云而开辟的一个专场，每年开展一次，主要采用线下集中授课模式，面向对象同样包括集团公司、省公司和专业公司的员工。只有专业能力测试合格的员工才能参加培训。从整体上来说，"腾云计划"的精华内容被纳入"燎原计划"，在一个月的集中培训时间里，参加培训的人员除了要通过内部组织的考试，还要通过外部认证，如 DEC、DCA 等。参加"燎原计划"培训的员工，需要在回到原单位后，将培训成果和技能进行转训，让更多的人掌握上云知识和技能。

3. 人才工作站

"人才工作站"由中国电信人力资源部组织，面向各部门提供人才库和人才调用。其中"系统上云人才工作站"根据年度调用计划，从所有通过"燎原计划"和"腾云计划"培训与认证的员工中择优纳入。"人才工作站"将入站员工按照技能水平分为 A、B、C 三档。其中，技能水平较高的员工被列入 A 档，主要承担前沿技术研究、系统顶层设计等工作。技能水平适中的员工被列入 B 档，主要承担集团公司对省公司和专业公司的帮扶工作。技能水平一般且具备培养潜力的员工被列入 C 档，集团公司根据工作需要将其安排在实操团队进行重点培养。

4. 云荟社区

中国电信借鉴互联网优秀社区模式，建设云荟社区。云荟社区聚拢了全网上云人才与合作伙伴，他们分享和交流 PaaS 组件、上云平台、上云安全等方面的前沿技术和运维经验，互帮互助，解决组件运维难题，汇总云计算行业一手资讯，协力打造共享生态。

云荟社区每年在各省轮流举办线下技术沙龙。云荟社区技术沙龙采用公开邀请、费用自筹的形式举办，每次持续 2 ~ 3 天。在技术沙龙举办期间，高级专家、"燎原计划"和"腾云计划"培训与认证的人才均以社区成员的身份参与技术交流，分享前沿技术和工作经验，研讨中国电信未来的演进方向。

借鉴互联网优秀社区模式，中国电信组建云荟社区，动态运

营 35 类 54 种 PaaS 组件，从无到有，建立了 PaaS "八统一"的开源治理体系（统一 PaaS 清单、统一技术检测、统一版本运营、统一北向接口、统一 PaaS 配置、统一安全监控、统一 PaaS 人才工作站、统一云荐社区）。云荐社区聚拢了全网上云人才与合作伙伴，做到了基于开源软件的 PaaS 组件安全合规、可控可管，解决了开源组件下载容易、使用难、管控难的问题，形成 PaaS 共建共享体系，提升了企业的核心竞争力。

5.2.6　一套开源治理体系

当前，大部分企业的应用软件由自主开发的源代码和开源软件代码共同组成。据分析，90% 的软件项目存在已知的开源软件漏洞，甚至十几年前的开源软件漏洞仍然存在于多个软件项目中，国内软件面临较大的软件供应链安全风险。中国电信借 IT 上云之机，逐步构建了开源治理体系，在全集团动态运营 35 类 54 种 PaaS 组件的基础上，统一 PaaS 清单、统一技术检测、统一版本运营、统一北向接口、统一 PaaS 配置、统一安全监控、统一 PaaS 人才工作站、统一云荐社区，解决了开源组件下载容易、使用难、管控难的问题，做到了 PaaS 组件安全合规、可控可管，自主掌控了数据库、中间件、消息、缓存等核心技术，完成了商用软件全面替换，实现了全网 PaaS 集约安全运营，如图 5-12 所示。

图 5-12　开源治理体系

1. 统一 PaaS 清单

中国电信采用清单制对 PaaS 组件进行动态管理，在 IT 系统和业务平台建设过程中必须选用清单内的 PaaS 组件。按照自主可控原则，核心 PaaS 组件选用以自研组件为主，以他研和开源 PaaS 组件为辅，这是硬性要求。同时，PaaS 组件清单不是一成不变的，随着技术的发展和业务需求的变化，其不断在多个环节进行动态更新，主要涉及清单准入、组件上架和组件退出。其中，清单准入的条件主要包括清单内没有此类功能的组件、清单外组件的功能明显优于清单内组件的功能、组件的社区活跃度高且技术更新有连续性等。组件上架材料包括但不限于组件的产品名称、产品介绍、产品截图、产品视频、版本号、更新日志、配置文件、技术文档等。组件退出条件主要包括近一年无生产使用、社区不再迭代等。通过对 PaaS 组件进行清单制管理，中国电信真正做到了全国 IT 系统和业务平台建设的技术栈统一。

2. 统一技术检测

中国电信在 PaaS 组件清单新增、清单内组件的新版本发布前，会组织统一的技术检测。技术检测范围包括组件的功能检测、性能检测和安全检测。只有通过了技术检测的 PaaS 组件，才能正式进入清单和发布新版本，从而保证了 PaaS 组件的安全稳定运行。检测场景示例：对分布式数据库（TeleDB）组件 2.4.2 版本进行技术检测如图 5-13 所示。

3. 统一版本运营

中国电信对 PaaS 组件的版本迭代和版本升级进行严格的流程化管理。其中，自研 PaaS 组件版本迭代包括常规版本迭代和补丁版本迭代，常规版本迭代以季度为周期进行新版本发布，补丁版本迭代根据需求的变化进行新版本发布。开源 PaaS 组件的版本迭代主要根据开源社区的版本发布情况进行新版本发布。全网的 PaaS 组件版本升级由集团统一组织，存在缺陷和安全漏洞的 PaaS 组件版本，需按照中国电信安全管理要求及时进行升级，全网生产环境在用的 PaaS 组件版本不超过 3 个。

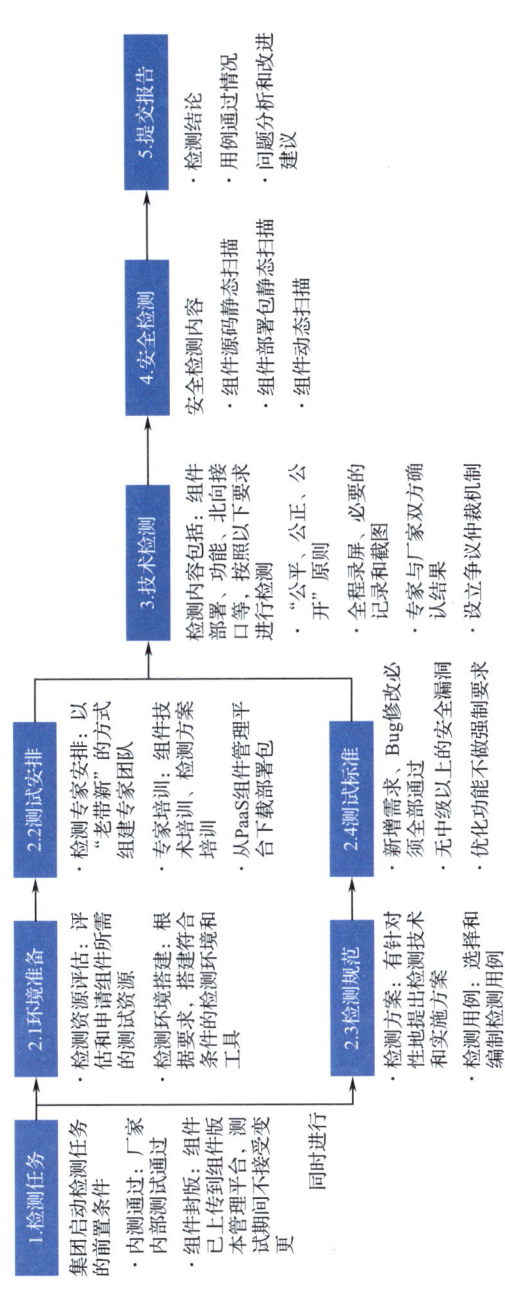

图 5-13 检测场景示例：对分布式数据库（TeleDB）组件 2.4.2 版本进行技术检测

1.检测启动检测任务

集团启动检测任务的前置条件：

- 内测通过：厂家内部测试通过
- 组件封版：组件版本已上传到组件版本管理平台，测试期间不接受变更

2.1环境准备

- 检测资源评估：评估和申请组件所需的测试资源
- 检测环境搭建：根据要求，搭建符合条件的检测环境和工具

2.2测试安排

- 检测专家安排：以"老带新"的方式组建专家团队
- 专家培训：组件技术培训、检测方案培训
- 从PaaS组件管理平台下载部署包

2.3检测规范

- 检测方案：有针对性地提出检测技术和实施方案
- 检测用例：选择和编制检测用例

2.4测试标准

- 新增需求、Bug修改必须全部通过
- 无中级以上的安全漏洞
- 优化功能不做强制要求

（同时进行）

3.技术检测

- 检测内容包括：组件部署、功能、北向接口等，按照以下要求进行检测
  - "公平、公正、公开"原则
  - 全程录屏，必要的记录和截图
  - 专家与厂家双方确认结果
  - 设立争议仲裁机制

4.安全检测

- 安全检测内容：
  - 组件源码静态扫描
  - 组件部署包静态扫描
  - 组件动态扫描

5.提交报告

- 检测结论
- 用例通过情况
- 问题分析和改进建议

155

4. 统一北向接口

中国电信制定了 PaaS 组件的北向接口规范，该规范的内容主要包括运行指标、配置指标和日志指标。其中，运行指标指的是 PaaS 组件的运行状态和性能指标，如进程是否存活、CPU 和内存的使用率等；配置指标指的是 PaaS 组件之间的配置关系，如数据库的一主两从关系、缓存的主从关系等；日志指标指的是 PaaS 组件的日志信息，如日志是否输出、日志编码规范等。PaaS 组件的北向接口规范如图 5-14 所示。

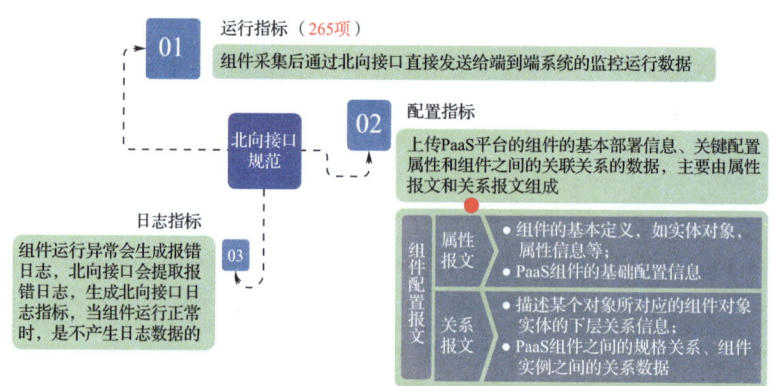

图 5-14　PaaS 组件的北向接口规范

5. 统一PaaS配置

中国电信制定了 PaaS 组件配置规范，配置规范涵盖的 PaaS 组件包括操作系统、分布式小文件系统、分布式缓存、分布式消息中间件、分布式数据库、负载均衡、容器管理和密集计算框架，以上 8 个 PaaS 组件是 IT 系统和业务平台建设中常用和核心的组件。每个分册的内容包括安装前准备、命名规范、安装规划及建议配置等部分。中国电信通过制定统一的 PaaS 组件配置规范，确保了 PaaS 组件上线的安全。

后续，各个生产单位根据自己具体的使用场景和业务规模，对 PaaS 组件配置规范中约定的参数进行调整优化，使其更好地适应本单位的实际情况，发挥 PaaS 组件最优的性能。

6. 统一安全监控

中国电信从集团层面统一开发了 PaaS 组件监控程序，该监控程序在 PaaS 组件安装部署完成后自动采集指标，并在 15 分钟内上报到集团统一监控平台。集团统一监控带来的好处主要有两个方面：一方面，在某单位某组件出现故障后，集团能够及时对全国发出故障预警；另一方面，对于某单位某组件出现的故障，若本省没有能力处理，集团就会及时提供其他省的解决方案或组织专家联合会诊。

5.3　标杆——比、学、赶、帮、超

为推进 IT 全面上云，中国电信启动"IT 上云百日大会战"，全网践行艰苦创业、科学求实、无私奉献、开拓创新、爱岗敬业的塞罕坝精神，按下 IT 上云加速键，掀起"比、学、赶、帮、超"

的上云热潮。中国电信统一组织，各单位协同配合，做到假日无休、责任到人、进度到天、问题不过夜，先后克服了 IaaS 资源交付延时等困难。2022 年 5 月 17 日，中国电信提前一年完成 100% 上云目标，涌现了一批上云先锋。

5.3.1 北京：踔厉奋发，率先完成 IT 系统 100% 上云

中国电信北京公司（简称"北京公司"）积极响应集团 IT 上云号召，召开"IT 上云百日大会战"推进会，为上云工作确立了时间表、路线图，按下了上云加速键（见图 5-15）。北京公司通过培训、竞赛和实操等多种方式，强化 IT 上云专家和人才梯队建设；强化自我驱动意识，通过对"四云"平台的学习、实践和探索，沉淀上云经验和实操能力，为集成商提供上云组件培训、架构升级和上云操作等指导。在"IT 上云百日大会战"中，北京公司全体成员目标一致，众志成城，齐心协力，共克艰难，于 2021 年 11 月 8 日累计完成 90 套系统的 IT 上云，在全网率先实现了 IT 系统 100% 上云的目标。在 IT 系统上云后，计费话单处理性能提升 150%，移动业务 1 分钟开通率稳步提升至 90% 以上。同时，系统年故障率较同期下降 53.68%，故障处理历时下降 42.86%。系统全面实现灰度发布和秒级切换，系统资源利用率提升 40%，为后续"云改数转"战略的顺利实施打下了坚实的基础。

1. 明确职责，组建团队

在上云工作还未启动时，北京公司便组建了云眼、云翼、云道、云桥 4 个上云技术支撑团队。云眼团队、云道团队和云桥团队设置专人专职，通过工作群和交流会等多种方式对集成商进行技术支撑和问题解答；云翼团队按组件进行分工，有专人负责 UDAL、TeleDB、TelePG、CTG-CCSE、CTG-CACHE、CTG-MQ 等组件，为集成商在 PaaS 组件应用、技术架构、难点攻坚等方面提供全方位支撑。

图 5-15　北京公司上云攻坚

2. 挂图作战，攻坚克难

通过深度解读集团上云任务，结合具体情况，北京公司制订

了上云计划，起草工作制度；成立上云作战室，挂图作战，将任务分解到天，每日晨会高频通报，做到问题发现"全覆盖、零遗漏"，问题解决"不过夜、不反复"。在上云期间，北京公司以目标为导向，按日管控，累计召开晨会、周例会、双周例会、月度例会257次，解决问题973个。

通过摸索和调研，北京公司了解了各系统上云的痛点和难点，并编写上云宣传材料和培训材料，对内部员工及合作伙伴进行了3次宣贯和5次培训，培训人数达220人。针对部分上云系统技术架构老旧、云化组件改造难度大等问题，北京公司先后27次组织上云骨干探讨方案，解决19套老旧系统的上云问题。

3. 加强创新，智能运维

伴随着上云工作的深入开展，北京公司培养了一批"四云"平台专业人才。同时，北京公司加强创新，基于云眼自主研发了运维工具，提升了维护能力和场景化支撑能力。

IT智能化运维系统采用开发运营一体化开发模式，快速迭代交付功能；采用开源技术实现任务调度，自主设计智能化运维系统算法；使用Python自主开发运维管理模块，实现对PaaS平台组件的管控；实现企业微信审批及各类PaaS平台系统故障一键遥控修复；实现系统巡检、安全基线检查工作自动化，安全加固等工作智能化，以及无人值守式故障修复。

面对系统规模、设备数量呈爆炸式增长，北京公司通过自主研发的工具，解决了IT、DT领域运维生产力低下、运维工作人员工作强度大和运维工作由人力驱动等核心问题，为"云改数转"

战略贡献了坚实的技术力量。

5.3.2 安徽：打造云道标杆，提升应用交付效率

云道平台是生产云应用的企业级集成开发平台，提供研发运营一体化的全生命周期管理工具和资源，为应用上云提供"端到端"的支持。2020 年年初，中国电信安徽公司（简称"安徽公司"）主动承担了云道标杆省打造任务，实现了 37 套上云应用系统基于云道平台的持续集成和部署。

云道平台通过安徽试点发现和解决了大量问题，在此基础上顺利完成在全集团的推广，实现从 2020 年 9 月的数个系统使用，到 12 月的 1376 套系统上平台。云道项目也获得了中国通信标准化协会、中国互联网协会"2020 GOLF IT 新治理领导力论坛"的"2020 年度优秀案例"奖。

5.3.2.1 找准突破口，全流程打通，树立标杆

安徽公司项目组在接到云道标杆省打造任务后，决定以账务中心系统为第一个突破口。账务中心系统负责全省电信用户账单管理，是中国电信最为核心的生产系统，系统功能和部署环境复杂，版本发布频率高。以账务中心系统为试点，可以更加全面、深入地验证云道平台的功能，加快推进平台功能优化。在试点期

间，中国电信产品研发团队安排专人赴安徽进行现场支持，集团、省两级密切协同，聚力攻坚，历经两个月的反复测试、优化和迭代，最终顺利完成了账务中心系统从敏捷开发、持续集成、安全审计、自动化测试到持续部署的全流程上线。

账务中心系统的突破增强了安徽公司其他系统上云团队对云道平台的信心，各团队主动要求将版本交付流程迁移至云道平台，2020年顺利将全部37个上云系统迁至云道平台，成功完成了云道标杆省打造任务。

5.3.2.2 全部环节线上操作，交付效率大幅提升

在将应用交付流程迁移至云道平台后，全部环节都实现了在线操作，减少了大量的线下交付工作，大幅提升了交付效率。云道平台应用研发、交付、部署流程如图5-16所示，具体分为以下3个方面的内容。

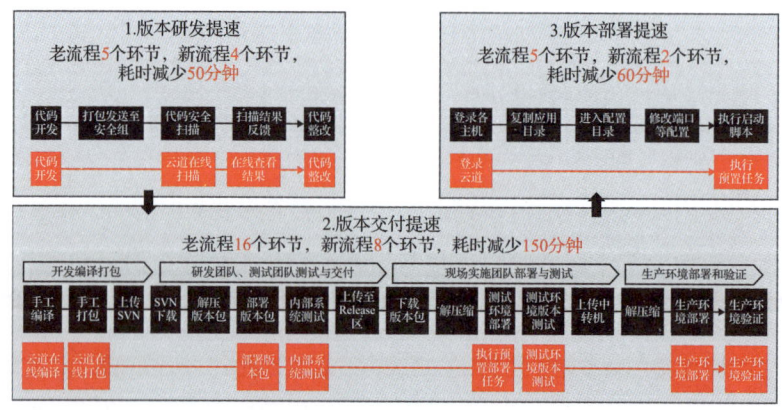

图5-16 云道平台应用研发、交付、部署流程

版本研发提速：老流程有代码开发、打包发送至安全组、代码安全扫描、扫描结果反馈、代码整改 5 个环节；新流程全部在线操作，减少了"打包发送至安全组"这个环节，将"代码安全扫描"环节改为"云道在线扫描"环节，整体耗时减少 50分钟。

版本交付提速：老流程从手工编译开始，到生产环境验证共有 16 个环节，涉及研发团队、测试团队、现场实施团队之间的多次线下交互，测试和部署都是手工操作的；新流程缩减为 8 个环节，全流程基于云道预设的流水线自动执行，整体耗时减少150 分钟。

版本部署提速：老流程需要人工登录每台主机进行部署和启动；新流程仅需登录云道并执行预置任务即可，整体耗时减少 60分钟。

5.3.2.3　流水线式作业，难点问题得以根治

在效率提升的同时，云道平台也彻底解决了安徽公司传统人工部署模式下难以避免的一些问题。

一是打包遗漏代码问题。研发人员线下打包，可能遗漏部分最新代码，导致版本包中不是最新的版本，而"云道在线打包"环节会自动拉取最新的代码进行打包，避免出现版本打包错误。

二是版本包一致性问题。复杂系统的大版本会经过研发团队、测试团队多人、多次的修改、上传和下载，这容易导致发给现场

实施团队的版本出现版本包不一致的问题。而在云道平台上，研发团队、测试团队、现场实施团队使用同一份镜像，不需要人工进行上传、下载，彻底解决了版本包的一致性问题。

三是部署环境差异问题。之前人工操作的主机部署方式，可能会导致部分系统缺陷由于环境差异（主机操作系统版本差异、JDK 版本差异、部署目录差异）在测试时无法复现。云道通过采用镜像方式，将版本依赖的操作系统、JDK、目录等基础环境和软件全部导入镜像包里面，彻底解决了部署环境差异问题。

5.3.3　四川：打造企业级 AI 弹性计算平台，助力业务效率与资源效能双提升

IT 系统全面上云是企业数字化必经之路，是"用数"与"赋智"的基础和前提条件，是高质量发展的助推器。中国电信四川公司（简称"四川公司"）积极响应集团的"云改数转"战略，全面推动 IT 系统上云。四川公司推进 IT 系统上云工作在效率、资源需求及效能方面遇到很大挑战。在效率方面，核心业务耗时长、效率低，容器弹性伸缩方式自动化、智能化不足，无法满足快速变化的业务诉求；在资源需求及效能方面，新增资源有限，而现网存在大量闲置与低效资源，需要最大化盘活并利用存量资源推进 IT 系统上云，同时还需要实现跨数据中心的资源弹性调度。

针对这些实际问题，在投资减少和成本缩减的大背景下，四川公司的企信 PaaS 团队牵头，联合数据、AI 等团队，自主设计和掌控系统架构，自主开发核心代码，融合 AI、云原生和大数据技术，打造了具有四川公司独特优势和特点的企业级弹性计算平台，并通过规模化推广实践，取得了如下成果。

（1）全域 IT 系统资源使用率和资源密度提升。

（2）业务峰谷资源自适应匹配。

（3）核心系统关键业务环节的效率翻倍。

（4）跨数据中心、跨业务形态的资源弹性调度初具规模。

5.3.3.1 锻造三大能力，构建一体化企业级AI弹性计算平台

四川公司自主完成架构设计和核心代码开发，采用"3561"模式打造了具备三大核心能力、五层架构（见图 5-17）、六种自主研发能力，并提供统一运维管理的弹性计算平台。

弹性计算平台已覆盖西信、二枢、雅西三大数据中心，通过多数据中心间的 100Gbit/s 双链路负载均衡专线，有效保障了跨地域和跨数据中心的资源弹性调度。弹性计算平台的三大核心能力具体如下。

一是在离混部能力：以"白 + 黑"模式打通容器集群与大数据集群间的壁垒，实现分时调度、错峰利用资源，如图 5-18 所示。

中国电信上云历程

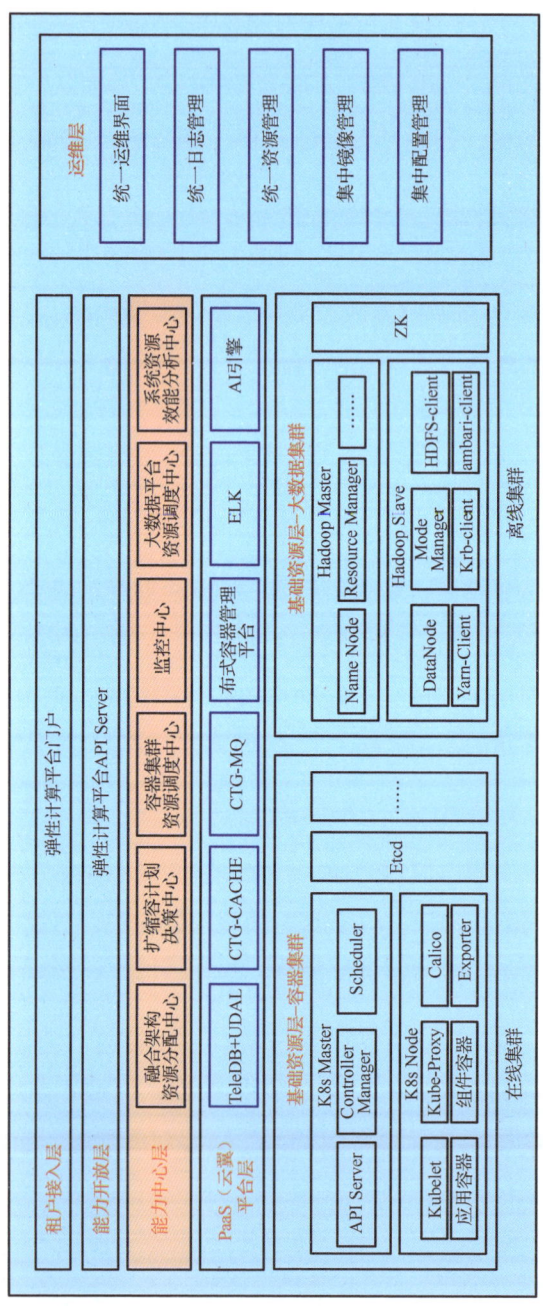

图 5-17　弹性计算平台的五层架构

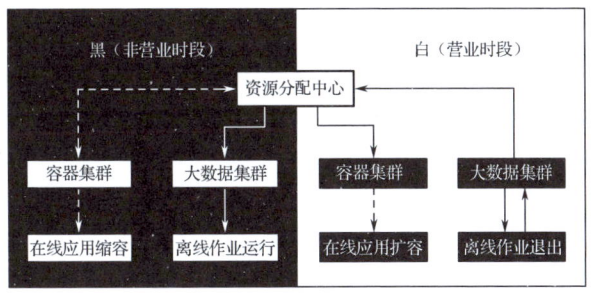

图 5-18　在离混部能力

在离混部能力由三部分组合提供：容器资源管理框架负责对容器集群的计算资源做动态调配；大数据平台资源调度框架负责对大数据集群的计算资源和作业做动态调配；资源分配中心作为核心桥梁，在二者之间传递资源配置信息和策略控制信息。三者协同分时段地将离线计算任务动态调度到在线集群中运行，通过对在线集群计算能力的错峰利用，提升在线集群总体的资源利用率和资源密度，使其承载更多的离线计算任务。

二是智能弹性伸缩能力：结合大数据与 AI 技术，实现容器资源的智能弹性伸缩，如图 5-19 所示。

智能弹性伸缩能力由三个框架组合提供：监控框架负责采集和存储容器集群配置态与运行态的多维度监控数据；扩缩容计划决策框架作为核心组件，负责对多维度监控数据进行调取、清洗和标准化，并调用 AI 引擎能力完成模型的训练和调优，生成扩缩容策略；资源调度执行框架负责接收及下发扩缩容策略。

三个框架协同工作，形成闭合循环，实现业务应用的长期稳定运行，提高了集群整体资源使用率。

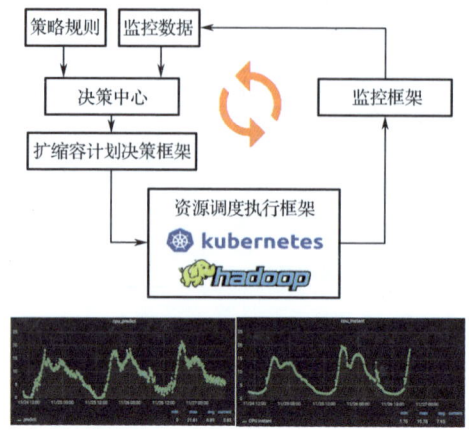

容器服务CPU预测与实际差异<10%

图 5-19 智能弹性伸缩能力

三是全域效能分析能力：结合大数据技术，开展全域系统效能分析，实现资源利用率和密度双提升。

四川公司分类施策，开展全域效能分析。对于 IaaS 资源，采用人工和 AI 引擎相结合的方式完成效能分析，找出闲置和低效能设备，给出"关移转并建议"；对于 PaaS 组件和容器，使用 AI 引擎完成效能分析，通过应用模型给出"组件复用建议"和"容器资源限制建议"。双管齐下，提升系统资源的利用率。

5.3.3.2 峰谷资源自适应匹配效果显著，核心业务效率大幅提升

通过 AI 弹性预测和调度，四川公司对 CRM 系统的核心服务在每日峰谷时段自动扩缩 Pod 数，使账务系统的下账业务效率

大幅提升。以成都本地网为例，下账时长由 150 分钟缩短为 30 分钟，效率提升 400%，OpenAPI 接口服务 TPS 效率提升最高，超过 700%。全省销售品月末到期翻转业务（月均 500 万个）时长从 780 分钟缩短至 300 分钟，效率提升 160%；全省达量降速月末到期恢复业务（月均 600 万个）时长从 540 分钟缩短至 270 分钟，效率提升 100%（见图 5-20）。

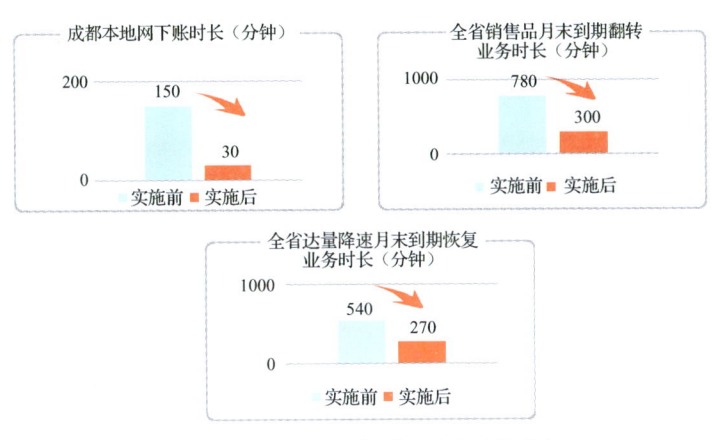

图 5-20　实施上云前后核心业务时长对比

5.3.3.3　全域效能分析平稳有效，整体资源利用率稳步提升

通过运用全域效能分析能力对 PaaS 组件、容器、存量设备的资源使用情况进行分析，四川公司累计节省 236 台服务器，用于系统上云和大数据平台扩容，节省成本超过 1180 万元。

利用智能弹性伸缩能力和全域效能分析能力，四川公司在未

增加总体资源的情况下，实现单机 Pod 承载密度提升超 160%，单机 Pod 数量由平均 30 个提升至平均 80 个。容器集群扩缩容由复杂的长流程变成一键触发的简单短流程，平均节省扩缩容时间超过 30 分钟 / 服务。扩缩容由纯人工方式变为 AI 自动决策 + 人工流程审核方式，大幅减少了人力劳动和对个人经验的依赖，可以更高效地应对计划内和计划外的业务访问高峰，提升了系统稳定性和客户感知度。

利用在离混部能力，四川公司在未增加数据中心离线集群总体资源的情况下，通过错峰使用在线集群资源，额外支撑了多个系统应用，在线集群 CPU 整体资源平均使用率从 20% 提升至 42%，内存整体资源平均使用率从 60% 提升至 90%，如图 5-21 所示。

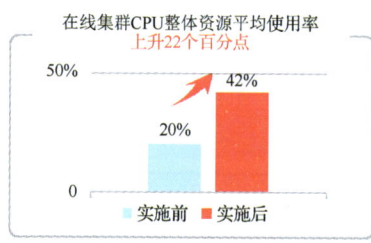
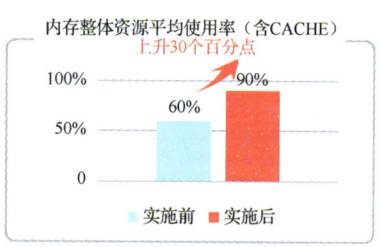

图 5-21　实施上云前后在线集群 CPU、内存的整体资源平均使用率

四川公司持续加大企业级 AI 弹性计算平台使用的广度和深度，进一步提升资源使用效率，并将核心能力分享、回馈给云荐社区，助力高质、高效地完成 IT 系统上云工作。

5.3.4　甘肃：实战培养、以赛代训，培养上云核心人才

2020 年，中国电信启动 IT 全面上云工作，要求在三年内实现 IT 系统全面上云。在中国电信完成 IT 全面上云工作部署后，2020 年 7 月 22 日，中国电信甘肃公司（简称"甘肃公司"）召开 2020 年 IT 系统上云工作部署会，确定"安全高效、稳字当先、统筹推进、培养队伍、确保效果"的上云原则。在"云改数转"战略中，人才是关键。如何利用全面上云契机，培养一批懂上云、会上云的 IT 人才，助力政企行业云 IaaS、PaaS 业务推广的问题，摆在了甘肃公司面前。

甘肃公司通过组织为期三个月的上云人才集训，使 17 名来自省市分公司的学员充分学习了上云相关理论和实操知识，并完成了五大方面的培训成果输出：一是学员具备独立上云能力，独立完成 17 套系统上云；二是编写《中国电信甘肃上云体系架构及路径》宣讲材料；三是制定 3 万余字的《中国电信甘肃公司 IT 上云解决方案》；四是编写 6 万余字的《中国电信甘肃公司 IT 上云操作手册》；五是完成 15 个课题项目，提升运营效能。之后，甘肃公司准备将培训输出成果结集成册，指导一线上云及 IT 上云。

同时，为了促进毕业学员学以致用，形成常态化学习机制，甘肃公司以公司文件形式下发了《关于印发中国电信甘肃公司上云人才管理办法的通知》，对已经进入上云人才工作站的成员在

岗位职责、薪酬体系、岗位晋升等方面进行明确规定，为公司实现"云改数转"战略的目标打下坚实的人才基础。

5.3.4.1 明确目标、找准方向

2020 年 8 月 4 日，甘肃公司下发《关于印发甘肃公司上云技术人才培养方案的通知》（中电信甘人力〔2020〕17 号），明确了人才培养规划，即一个目标、一个原则、两个方向、六条措施。

一个目标：培养一支掌握核心技术能力的上云人才队伍，这支人才队伍不仅要支撑企业内部上云，还要支撑政企客户上云，助力政企行业云 IaaS、PaaS 业务的推广。

一个原则：坚持"技术 + 能力共同成长"的培养原则，并采取"滚动进出"的方式进行循环培养。

两个方向：专家方向上云人才，是指在 IT 上云、PaaS 维护方面具备较高的技术水平，能够安装、部署、运维开源 PaaS 组件，并在全省范围内解决 PaaS 运维疑难问题的人才；综合方向上云人才，是指在上云领域具备全面上云知识，能够全面了解 PaaS 平台技术知识和传统 IT 系统架构知识，并且能独立分析系统架构，针对不同架构编写企业上云方案，支撑外部客户上云的人才。

六条措施：一是坚持培养单位全流程跟踪管理；二是建立保障机制，搭建平台；三是到省公司轮岗学习；四是纳入内部培训师队伍；五是自主式、合作式、研究式课题化学习；六是明确师资保障。

5.3.4.2　精心组织、全面选拔

甘肃公司按照高标准、高质量、高水平的原则进行人才选拔。首先是高标准，要求参加选拔的学员必须拥有全日制本科以上学历，毕业于计算机及软件相关专业。其次是高质量，选拔考试内容选自集团公司"涅槃计划"题库，涉及 5G、大数据、云网融合等内容，要求学员必须理解企业战略及转型基本知识。最后是高水平，将学员按最终成绩进行排序并选拔，确保了进站学员的高水平。

2020 年 8 月 9 日，甘肃公司在全省范围内进行初选考试，来自省公司、市分公司、政企条线、运维条线的 166 名学员参加了线上选拔考试，考试成绩排名前 50 的学员进入第一期上云人才培训营。9 月初，这 50 名学员到兰州参加了集中培训。培训采用"理论＋实操"的方式，邀请集团公司研究院、IT 研发中心、上云人才工作站相关专家到现场进行授课，使学员对 IT 上云知识有了基本了解，并进行了再次选拔。最终选拔出 18 名学员，嵌入省公司 IT 上云团队，进行为期 3 个月的实操培养。甘肃公司上云人才培训现场如图 5-22 所示。

图 5-22　甘肃公司上云人才培训现场

5.3.4.3　实战培养、以赛代训

甘肃公司坚持"理念＋理论＋实战"的培养方式，对首批入站学员进行轮训。

首先是理念教育。初期，每周由企信部总经理和副总经理轮番对学员进行"中国电信'云转数改'战略"教育，确保每个学员真正理解"云改数转"战略，后期由每个学员上台讲解，确保每个学员会讲。

其次是"理论＋实操＋实践"教育。上云人才培训在课程安排上充实，要求学员们在上午学习理论，在下午推进项目，在晚上实操练习，确保培训效果；在授课安排上，授课导师全部来自集团公司人才工作站和省公司 PaaS 运维团队，导师也可以在授课中不断总结自己的维护经验。实操则更加贴近实战，为了让学员毕业即上岗，甘肃公司不仅要求每个学员全流程主导一套系统上云，而且制定了与上云相关的 15 个课题，由小组团队共同完成。

最后是以赛代训。2020 年 11 月 16 日—24 日，以中国电信"腾云杯"IT 上云大赛甘肃预选赛为契机，甘肃公司认真组织、积极宣传，通过层层选拔，在全省选出 30 人参加决赛，又通过一周的培训、笔试、实操，最终选定 2 队参加中国电信"腾云杯"IT 上云大赛。这次预选赛，不仅锻炼了队伍的能力，而且在全省范围内营造了对上云技能"比、学、赶、帮、超"的氛围，现场如图 5-23 所示。

图 5-23　中国电信"腾云杯"IT 上云大赛甘肃预选赛现场

5.3.5 陕西：践行 IT 上云走出去，助力客户上云

中国电信不仅要做好自身的数字化转型，还要推动全社会的数字化转型。中国电信陕西公司（简称"陕西公司"）积极践行集团要求，勇立数字化转型潮头，发挥自身优势，深度服务各行业、各领域的数字化转型，培育壮大经济新动能。陕西公司积极探索出一套新思路，即依托公司在数字化转型、IT 上云中的丰富实践经验，秉承 IT 上云架构规划思想，融合集团上云"五步骤十流程"方法论，推动云网赋能进程，实现孵化能力产品化，助力客户上云。

通过探索实践，陕西公司成功为多家国有大中型企业提供了数字化转型及企业上云的调研、诊断服务。在服务过程中，陕西公司挖掘客户需求，支持部分企业完成了云资源池建设、业务系统上云、5G 专网等项目，积极践行社会责任，赋能行业数字化转型。

5.3.5.1 破解企业数字化转型难点，挖掘企业上云用数需求

为了深入贯彻习近平总书记在陕西考察时的重要讲话精神，落实陕西省委省政府关于企业数字化转型的工作部署，陕西公司大力协助陕西省工业和信息化厅等政府部门，积极加入数字化转型特派员队伍，并牵头部分规划组、信息组方面的工作，协同行

176

业专家为省工业企业的数字化转型免费提供诊断、咨询等服务。

在助力陕西省工业企业数字化转型的过程中，陕西公司采取的方法主要是，将员工按专业分为规划、信息化等小组，进行深入调研，发现痛点问题，给出解决建议。其主要开展以下三方面的调研：一是企业基本情况，包括企业现状、组织结构、业务部门职责分工、主要业务流程和生产过程，以及企业发展战略和意图、信息化应用现状等；二是企业数字化水平及系统建设使用情况、企业当前发展面临的主要痛点、新技术新模式在企业内的应用情况、企业数据治理体系建设情况、企业数字化治理能力建设情况、数字化基础设施建设情况等；三是企业的产业定位、行业地位，以及业务发展思路、系统建设计划、数字化转型思路与需求、数字化应用发展计划展望等。

针对企业需求及痛点问题，陕西公司结合自身的"四个在线"数字化转型经验和 IT 上云实践经验，从战略、业务流程化、数字化、云化及 IT 规划层面为企业提供整体解决方案，实现企业的战略规划目标。其中，客户现场调研如图 5-24 所示。

（a）

图 5-24　客户现场调研

（b）

图 5-24　客户现场调研（续）

5.3.5.2　确定政企客户上云标准，制定方案部署落地

在为工业企业数字化转型提供服务的过程中，陕西公司首先确定政企客户上云思路，参照集团公司的 IT 上云标准，根据不同业务系统的上云特征，制定了四类上云（上"天翼云"、"去IOE"、云化改造、打造上云标杆）标准，以适配各类业务系统的上云场景。业务系统上云需要依照业务要求、上云能力、上云成本，选取合适场景。

其次，陕西公司安排 IT 上云专家与政企客户经理、解决方案经理等组成联合攻坚团队，帮助企业整合资源，打破烟囱式的IT 架构。

再次，陕西公司采用"五步骤十流程"方法论，为企业打造平台一体化架构，实现基础设施云化、框架组件化、能力资源化。

最后，陕西公司协助客户建设一体化运维管理组织体系，制定组织管理、系统平台架构、安全运维运营相关的流程与制度，匹配相应的组织与人员，确保客户 IT 上云各项运营工作的良好开展。

5.3.5.3　完善客户上云的端到端能力，探索能力与服务产品化

为做好客户上云从咨询规划到建设部署、运营运维的端到端服务，陕西公司自主研发了秦龙一体化监控平台（见图 5-25）等智慧运营平台，探索将实业能力纳入整体服务能力，以及规划咨询、云网托管、安全防护、培训赋能等产品化服务能力。

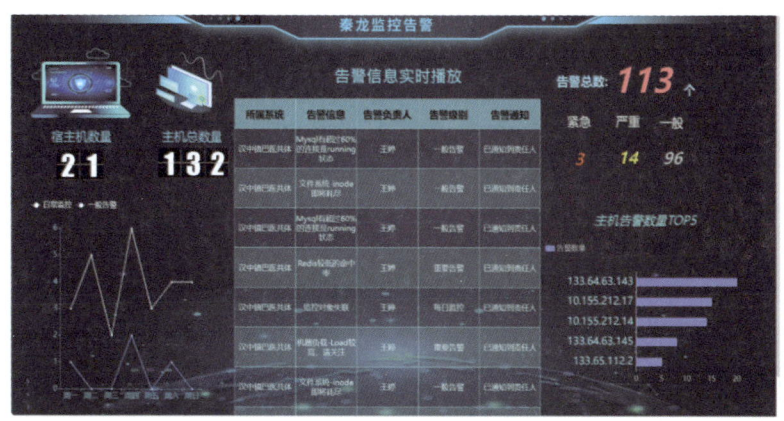

图 5-25　秦龙一体化监控平台

首先，陕西公司制定了省内云网能力产品化工作实施方案，建立了省内云网能力产品化运营团队，打通前后端的供给与需求。

陕西公司通过推动云网赋能模式转型（从成本消耗向价值贡献转变），释放云网能力价值，最终实现能力产品化、产品服务化、服务价值化、价值显性化。

其次，针对产数支撑需求，陕西公司推出自主研发的产品，如秦龙一体化监控平台。该平台是陕西公司针对上云客户统一监控的需求而自主研发的 SaaS 化应用一体化监控平台。该平台提供从底层网络到顶层应用、兼容不同网络环境的企业级监控分析和告警能力，助力全省 DICT 项目数字化运营，实现先于客户发现障碍、先于障碍处理隐患的目标，达到客户满意、一线满意的效果。目前，该平台已纳管了咸阳泾阳政务云、泾阳嵯峨云、渭南边缘云等十几个项目，未来计划纳管 36 个项目。

陕西公司综合前后端、省市两级、主实协同等各专业力量，依托"点将台"等调用激励机制，建立客户上云联合团队，完善端到端能力产品，形成以客户为中心、前后贯通的融合支撑体系，体现整体综合服务优势，形成汇聚型合力，做到需求引领、能力先行，为客户上云工作保驾护航。

5.4　实力——国云服务数字中国

数字技术正全面融入经济社会发展的各领域和全过程。作为数字中国建设的中坚力量，天翼云始终坚定国云的使命责任，以领先的产品技术和服务赋能千行百业，以实际行动加速推进数实融合，为数字中国发展构筑新的增长引擎。

5.4.1　"政"在上云，城市更智慧

要想打通城市发展"大动脉"，上云是必由之路。天翼云以领先的技术资源，为政务行业客户铺就上云坦途，促进政务数据共享、智慧应用升级，提升城市政务的治理能力和治理水平，推动实现利民、便民、惠民，切实提升群众幸福感。

自 2017 年 9 月初，中国电信成为第一家与雄安新区签订战略合作协议的运营商以来，就不断搭建高速网络，布局"新基建"项目，探索 5G 和云应用，高质量服务雄安新区智慧城市建设。"塔吊林立，热火朝天"，这是雄安新区物理城市的建设场景。但是在肉眼看不到的数字空间，"施工"也正在紧锣密鼓地展开。随着互联网、大数据信息技术的发展，作为央企云服务商，天翼云在云计算领域持续推动"数字雄安"建设，为雄安新区打造了两个"第一"。

第一个新区数据中心，建设云资源池，承载雄安云，满足三级等保和保密 IDC 服务。2018 年，天翼云起笔描绘"云上雄安"智慧蓝图。依托中国电信云网融合的优势，天翼云启动雄安新区数据中心的建设，开通云资源池，完成业务系统迁移，承载雄安云，满足三级等保和保密 IDC 服务。2020 年，中国电信再次在云资源、

IDC 及专线采购方面助力雄安新区打造城市计算中心。天翼云雄安资源池作为雄安新区第一个本地的数据中心和资源池，是雄安数字孪生城市"之脑""之眼""之芯"，是雄安数字孪生城市运行服务系统的重要载体。其充分发挥在云产品、云服务、云安全等方面的优势，支持雄安新区新型智慧基础设施工程建设，承载雄安新区在医疗、教育、金融、交通等领域的需求，推动智慧应用与政府管理、社会服务、产业发展融合。

第一个政务应用系统，建设政务云平台，为河北雄安新区管理委员会（以下简称"新区管委会"）、雄安集团提供办公自动化系统。作为国内政务云领域的领导者，天翼云凭借强大的技术自主研发能力和云安全能力，为雄安新区提供了安全、可信、可靠的政务云平台。天翼云在保障雄安新区政务云平台安全、高效运行的同时，还提高了雄安新区的现代办公、城市管理、工程建设、公共交通、惠民服务、企业诚信体系建设、社会征信体系建设等各个领域的智能化水平，全方位为雄安新区智慧城市建设工作赋能。2020 年，雄安新区共有 4305 项政务服务和 360 项便民应用上线，实现与省 9 个垂直管理部门信息系统的对接和数据回传；开发上线"雄安智慧社保"网站及 App，实现待遇资格认证、参保补贴查询、口粮补贴查询等 38 个事项在线办理。依托政务云平台的能力，天翼云让新区管委会、雄安集团实现了工作过程管理的自动化、网络化和智能化。

数据技术并不是冰冷的，它的一枝一叶总关情。天翼云服务政务的日志仍在被书写，截至 2022 年年底，天翼云已服务 20

余个省的政务云平台、300 余个地级市的政务云平台，参与超过1000 座智慧城市的建设，涵盖综治、司法、税务等部门，支持各种场景的政务应用向云迁移，助力提升行政效率、社会治理水平和科学决策能力。

5.4.2 "智"赋工业，"制"胜未来

工业是综合国力的根基、经济发展的"压舱石"。在数字时代，深入推进新型工业化的发展，已经成为实现经济高质量发展的必然要求。作为推动数字经济与实体经济深度融合的重要力量，云计算为新型工业化发展提供了新的可能。

作为云服务国家队的成员，天翼云始终坚持科技创新，在云平台、基础软硬件等关键技术领域打造核心产品及能力，构建了覆盖"云、网、数、智、安"的全栈云服务产品体系；同时面向人工智能时代构建全栈大模型智算服务，包括打造智算数据中心AIDC、升级云智超一体化基础设施平台"云骁"、推出一站式智算服务平台"慧聚"、构建国云大模型生态，形成云智一体的智算服务体系，携手合作伙伴打造先进的智算生产力，筑牢数字经济发展底座，为新型工业化的发展注智赋能。

中国电信携手山东重工共同打造"同心云"项目。该项目的建设内容主要包括"上云""用云""管云"等方面。中国电信通过制定一系列的标准化方案，统一了企业技术底座，提升了数据

治理能力，锻炼了上云人才团队，构建了中台生态体系。中国电信提供全周期的专业服务，满足企业各类场景的服务需求，通过现场和远程的方式按需有序开展上云工作，保障山东重工的系统分阶段、分步骤地进行数字化转型。这一标杆项目成效显著，重工、重汽、潍柴"三朵云"已建设完成，各项业务陆续完成云化改造，运行平稳，相关业务系统接入"同心云"，原企业 IT 架构老旧、资源协调困难、资源分散等痛点问题已初步得到解决。在天翼云的助力下，山东重工积极整合全集团的资源，以"为客户创造价值"为宗旨，采用"顾问 + 雇员"的服务模式，在私有云服务、智慧园区、智慧服务体系、智能通信基础设施、智能制造、5G 联合创新等领域都取得了实质性成效。中国电信全力助推山东重工的数字化转型。

未来，天翼云将继续依托领先的技术及资源优势，持续为新型工业化发展筑牢国云底座，携手合作伙伴推动数字化、智能化、绿色化等新的生产技术在工业领域的全面普及，为新型工业化发展贡献科技力量。

5.4.3　云端赋能，擎起乡村振兴新希望

农业农村农民问题是关系国计民生的根本性问题。当前，数字技术在经济社会各领域的广泛应用，正助力各地提升乡村数字治理水平，为乡村振兴和农业农村现代化发展注入全新动能。天

翼云作为云服务国家队的成员，肩负国云的使命责任，紧跟国家重大战略方向，发挥数字中国建设主力军的作用，为乡村振兴注智赋能，为数字经济高质量发展添能蓄力。

在江西，天翼云聚焦"数字乡村"建设，推出数字管理平台"万村码上通"，为提升乡村治理水平和推动治理能力现代化开辟了新路径。"万村码上通"充分整合了乡村现有的信息化设备，做到能用尽用，降低了系统搭建成本；通过视频 AI 监控、无人机监护、车载及人员定位跟踪等物联网手段，实现了无人值守的村庄环境监测管护；降低了小程序的使用难度，使群众参与人居环境治理更加方便、快捷。

在甘肃，天翼云以"5G+ 智慧农业"的模式，为陇南蜂农打造了智慧蜂业数字化管理指挥平台，通过在蜂场安装摄像头，结合智能 AI 系统，让蜂农通过一部手机即可管理蜂场。基于智慧蜂业数字化管理指挥平台，天翼云不仅帮助蜂农在生产环节实现了智能化，还帮助当地的养蜂产业打通和专业技术之间的信息屏障，提供了贯通整个产业链的数字化服务，使蜂农养蜂变得更简单，使每一滴蜂蜜都有迹可循，推动当地蜜蜂养殖产业向着信息化、自动化、透明化方向高速发展，让当地老百姓走上"甜蜜"致富路。

在四川，天翼云助力色达县农牧农村和科技局打造的智慧畜牧平台，通过数字监控与牛群电子耳标的有机结合，赋能牛群"养、管、销、种"全流程，实现"云放牧、云管理"，推动传统牧业向现代化、集约化转型发展。

中国电信上云历程

　　通过大内存、高宽带的服务器，天翼云保障平台平稳、快速运转，做到了毫秒级响应。先进的养殖系统和管理软件助力色达县牦牛产业降本增效、做大做强，为色达县"福地色达"有机牦牛产品品牌走出去奠定了坚实的数字化基础。同时，天翼云不断加快畜牧养殖与金融、保险、交易、屠宰行业进行安全、可追溯的跨界融合创新。

　　在陕西安康、广东徐闻、甘肃定西、湖南益阳……天翼云凭借技术创新不断发力，在全国打造了一个个助力乡村振兴的标杆案例，为乡村生产生活插上"数字翅膀"。

　　推进数字乡村建设是乡村振兴的关键举措，也是实现农业农村现代化的重要途径。未来，天翼云将积极践行国云的使命责任，以科技创新为驱动力，充分发挥数字技术对乡村振兴的赋能作用，让"云"成为乡村振兴的强大引擎，助力提升农业农村的现代化水平，携手产业各界共绘宜居、宜业、和美的乡村新画卷。

第 6 章

野望

全球六朵云，上云就上天翼云！

云计算的变化是一种常态，每一次变化带来的是整体技术架构的演进，以及与技术架构相关联的关键核心技术的突破，这条不断循环往复的路径一直在推动整个云计算的飞速发展。虽然云计算已经过十几年的发展，度过了行业的"黄金十年期"，但云计算的发展脚步远没有停止，仍然处在不断加速的状态。在未来云计算的发展过程中，天翼云将不断进行自主研发和创新，依托云网融合能力，助推行业的数字化转型，打开数字中国之门。

6.1 深化战略布局，打造国内领先云服务商

在"云改数转"战略的指引下，中国电信在 2021 年 7 月基于五家云计算相关分支机构成立了独资子公司——天翼云科技有限公司（简称"天翼云科技公司"）。该公司被定位为中国电信集约开展云业务的科技型、平台型公司，将统筹全集团的云资源建设需求，承担核心技术攻关职责，进行机制体制改革，并以建设、研发、运营、生态合作和销售服务一体化方式，向客户提供涵盖计算、存储、分发、平台和应用等的全栈云解决方案，力争在未

来 3～5 年内发展成为在规模和能力上国内领先的云业务服务商，以及国家级智能化综合性数字基础设施的提供者。

为实现上述目标，2021 年天翼云科技公司进行了清晰、明确的规划和实践探索。

1. 资源分层，精细管理

天翼云科技公司致力于打造高速泛在、天地一体、智能敏捷、融合开放、绿色低碳、安全可控的国家云网基础设施。天翼云科技公司基于自主技术，打造统一技术架构、统一产品能力、统一用户体验、统一运维支撑的分布式云架构，进一步夯实"2+4+31+X+O"的资源布局（"2"代表内蒙古、贵州两个低成本中心；"4"代表京津冀、粤港澳、川陕渝、长三角四大区域中心；"31"代表 31 个省级公有云节点；"X"代表一城一池的边缘云节点；"O"代表海外节点），加快向边缘和海外的拓展，全面支撑和推动国家的数字化转型。天翼云科技公司响应全国一体化算力网络国家枢纽节点布局的要求，在东部的京津冀、长三角、粤港澳，以及西部的内蒙古、成渝、贵州、甘肃、宁夏构建天翼云国家枢纽节点，支撑国家"东数西算"工程落地。此外，基于运维支撑系统，天翼云科技公司具备高效的自动化运维能力和全产品全业务端到端支撑能力，可以有效实现云网维护内外双循环；基于集监、管、控为一体的统一运维平台，天翼云科技公司实现对物理资源、虚拟化集中式运维的支撑管理，全面提升运维部门故障预防、告警、恢复的能力，以及整体运维效率。

2. 全栈产品，安全可信

天翼云科技公司持续锻造自主研发基石，打造"云、网、数、智、安"全栈产品体系，不断提升产品交付和服务能力，通过加强 IaaS 和 PaaS 的融合度，丰富 PaaS 组件库，繁荣 SaaS 生态，实现"公私专混"一体化，满足政企客户多样化的上云需求。另外，天翼云科技公司还强调打造业内领先的安全能力，建立"天翼云、安全云"的品牌形象，满足政企客户对安全的要求。截至 2023 年年底，已经有 70 个资源池通过了等保三级，66 个资源池通过了可信云认证。

3. 服务下沉，行业深耕

除部署了属地化、边缘化特征明显的云资源之外，天翼云科技公司还在 31 个省（自治区、直辖市）设立了 31 家省级分公司，拥有 1.4 万名认证专家、接近 4 万名云专属客户经理，能够把云服务下沉到区县，提供属地化的运维和支撑。另外，天翼云科技公司面向政务、工业、卫健、教育、金融等重点行业提供"云、网、数、智、安"一体化的产品和解决方案。根据 IDC 数据，天翼云科技公司在 2020 年政务公有云基础设施市场的份额排名第一。

4. 重点攻关，自主研发

天翼云科技公司高度重视自主研发、自主可控。目前，天翼云科技公司以承接国云重大攻关项目为牵引，通过搭建中央企业的云计算协同创新平台、打造云计算和大数据原创技术策源地及现代产业链的链长、建设企业的国家重点实验室等路径，在 IaaS、PaaS、大数据、AI 等关键核心技术领域均掌握了一系列云计算的核心技术，在近百项关键技术领域取得自主研发突破，并实现规模商用。同时，天翼云科技公司深度整合中国电信的网络能力，推出云专线、云专网、云间高速、SD-WAN 等一系列云网融合类产品。

5. 人才特区，优化机制

云计算是科技密集型业务，人才是关键。因此中国电信给予天翼云科技公司较大的资源倾斜，在天翼云科技公司设立了人才特区，并按照"服务发展、先行先试、责权利匹配、高端引领"的总体原则，实施灵活的项目经理选拔机制、适度超前的团队组建机制、责权利对等的考核机制和与市场基本可比的激励机制，打造面向市场、能打硬仗的研发力量，带动云业务实现跨越式发展。目前，天翼云科技公司近 80% 的人员是科研人员，这些科研人员助力天翼云科技公司全力构建团队竞争优势，并坚持"突出创新、市场认可、重在使用"的原则，大力引进、培养专家人才，建立技术创新型的人才结构。同时，该公司破除论资排辈、重业绩不重潜力的陈旧观念，为青年科技人才提供了发展舞台。

6.2 天翼云加速向智能云演进

2023 年，天翼云的收入为 972.3 亿元，同比增长 67.9%。没有 AI，就没有云的未来。围绕大模型时代对云服务商的新要求，天翼云加速向智能云全面升级，打造云、智、超一体的泛在算力基础设施，构建"慧聚"、"云骁"和"息壤"三大智算平台，成为国内领先的大模型算力服务商。

2024 年 3 月 22 日，中国电信宣布，天翼云上海临港国产万卡算力池正式启用，同时接纳首批用户入驻。这是国内首个正式运营的国产单池万卡液冷算力集群，也是业内领先的全国产化云智一体公共智算中心。此次启用的天翼云上海临港国产万卡算力池创新性地采用网络中置、算力分层的"魔方"型，实现了单一集群内万卡高速互联，满足万亿级参数大模型训练所需的多机多卡并行、高吞吐无损通信等需求。同时，为了实现绿色低碳的目标，上海临港国产万卡算力池全面采用融合液冷服务和 IDC 基础设施的新一代智算液冷 DC 舱，实现了数据中心的能效和智算集群的算效双提升，为"人工智能 +"提供智能、弹性的绿色算力。

以国云智算底座为依托，天翼云积极携手产业各方合作伙伴打造先进的智算生产力，全面赋能经济社会的数字化和智能化，贡献了一系列行业标杆案例。

在海南，天翼云携手三亚崖州湾科技城管理局，打造了海南省人工智能计算中心，全面提升海南省数字基础设施的能力，推动三亚崖州湾科技城管理局高性能计算产业迈入发展快车道，逐步形成大数据产业集群，实现固巢留凤、聚才引智，探索数字经济发展新机遇。

在四川，天翼云联合西南某超算中心，以高性能算力助力降碳技术实现创新突破，加速某高校"双碳"科研成果转化，服务"双碳"目标落地。在多方的共同努力下，该高校"eCO$_2$RR"项目的实验周期从原先的 2 ~ 3 个月缩短到 2 ~ 3 周，科研效率提升约 70%，科研环境搭建类成本节约 30%，为该高校实现重大科创突破、服务国家"双碳"战略发展提供了新解法。

此外，天翼云还基于自主研发的智算平台，为国内专业的对话式人工智能平台公司提供所需的智能算力、云计算、数据等服务，支撑其 10 亿级大模型训练平台和常规模型训练平台的运行，为其大模型的高效训练和产品赋能打通了"任督二脉"。依托天翼云打造的大模型训练平台，该公司进一步缩短了语音识别训练的时间周期，降低了算力使用成本。同时，基于大模型训练平台优秀的采集、识别、处理分析能力，该公司能够更好、更快地推出满足不同应用场景的 AI 语音产品，推动自身在激烈的市场竞争中脱颖而出，并保持领先地位。

如今，人工智能应用正向纵深演进，加快推动人工智能发展，已成为培育新质生产力、推进高质量发展的必然要求。天翼云将

继续锚定科技创新，筑牢国云智算底座，推动人工智能技术成果的转化，赋能数字产业的发展！

6.3　转型能力输出，促进千行百业生态发展

　　在数字时代，产业数字化是推动数字经济发展的关键引擎，是电信运营商的主要增长驱动力。在新一轮数字化浪潮中，中国电信扎实推进"云改数转"战略，创新打造多云和多网融合的新型基础设施，加速实现数字化转型和全面上云，同时借助自身的资源禀赋和技术优势，为合作伙伴及客户的数字化转型提供稳定、智能的云服务和强大算力支持，实现数字化服务的升级。中国电信将围绕企业上云各阶段面临的难点，发挥自身"产品＋服务"的优势，提供企业上云一站式服务能力，具体如下。

　　（1）云咨询服务：为企业提供 IT 上云顶层设计、IT 系统云化方案、IT 研发流程优化、团队赋能等专业咨询服务。

　　（2）云迁移服务：协助客户将现有业务系统迁移到云平台，实现业务无缝切换，最大限度地避免用户业务中断及数据损失。

　　（3）数据治理服务：面向数据管理及服务，通过数据整合、流程整合、服务整合等手段来完成企业级数据治理服务。

　　（4）云运维服务：开展组织架构优化、IT 运维管理流程梳理、

IT 运维管理流程规划、角色职责定义、岗位职责优化，建立 IT 运维管理体系和实施方案。

（5）云安全服务：提供云上平台及应用的安全代维服务，安全代维服务包括可用监控、安全监控、应用安全防火墙、防篡改、漏洞扫描、渗透测试、安全加固等。

中国电信在产业数字化方面进行了充分的能力布局。

（1）在产品方面，中国电信举集团之力布局行业数字平台，助力产业的数字化转型，目前已经打造三大重点板块的行业数字平台，并为超过 10 个细分行业打造核心数字平台。

（2）在底座能力方面，中国电信通过业务、数据、安全三大中台形成能力中枢，建立集约数字平台能力底座，并在此基础上支撑诸葛 AI 平台、呼叫中心平台、视频云等多个通用产品平台和 2020 年上线的原子能力平台。目前，中国电信已实现能力原子化供给，上线 6000 余个原子能力，累计调用 100 亿次。

（3）在服务方面，中国电信重构了客户服务内核，以"双满意"为目标，为政企客户不仅提供 24 小时在线的专属客服，而且提供全地域、全业务、全生命周期的专属保障。

（4）在体系方面，中国电信调整了原有的政企信息服务事业群，设立了包括应急、教育、金融、文旅、工业、互联网等在内的 13 个 BG（事业群），以及 14（12+2）个产研院。

（5）在人才方面，中国电信要打造一支"懂客户、懂生态、懂行业、懂技术、会沟通"的行业专家队伍，目前集团共有 1000 名这样的人才，预计到"十四五"末将扩展至 5000 名。

中国电信上云历程

　　"风物长宜放眼量，不待扬鞭自奋蹄。"未来，中国电信将致力于推进"云改数转"战略，打造数字化平台，构建云网融合的基础设施，以科技创新为驱动，引领天翼云走向智算云新时代，实现智算云的全面升级。中国电信将构建丰富的应用生态，承载客户信息化需求，支撑客户转型升级，通过开放平台生态、丰富应用生态、布局资本生态三方面打造一体化产业生态合作经济系统，为垂直行业赋能注智，与合作伙伴共同构建产业发展新生态，持续推动数字经济高质量发展。中国电信将勇担网络强国、数字中国建设的主力军职责，为全面建设社会主义现代化国家、实现中华民族伟大复兴的中国梦贡献电信力量。

术语中英文对照表

术语中英文对照表如表 A-1 所示。

表 A-1　术语中英文对照表

序号	英文简写	英文全称	中文释义
1	3GPP	3rd Generation Partnership Project	第三代合作伙伴计划，是一个国际性的移动通信标准制定组织
2	3GPP R16	3rd Generation Partnership Project Release 16	5G第一个演进版本标准
3	4G	4th Generation Mobile Communication Technology	第四代移动通信技术
4	5G	5th Generation Mobile Communication Technology	第五代移动通信技术
5	5G SA	5G Stand Alone	5G专用网络
6	ABCI	Artificial Intelligence, Big Data, Cloud Computing, Internet of Things	人工智能、大数据、云计算、物联网
7	ACID事务能力	Atomicity Consistency Isolation Durability 事务能力	原子性、一致性、隔离性和持久性事务能力
8	AI	Artificial Intelligence	人工智能
9	ARM	Advanced RISC Machine	高级精简指令集计算机体系结构
10	ANSI/ISO 标准	American National Standards Institute/ International Organization for Standardization 标准	美国国家标准或国际标准组织标准
11	AZ	Available Zone	可用区，指同一地域内电力和网络相互独立的数据中心
12	BDB	Berkeley Database	高性能嵌入式数据库管理系统
13	BI	Business Intelligence	商业智能

续表

序号	英文简写	英文全称	中文释义
14	bond6	—	一种网络适配器绑定模式，实现了适配器适应性负载均衡
15	Broker	—	消息中间件组件或服务
16	BSS	Business Support System	业务支撑系统
17	Bug	—	程序错误
18	CDMA	Code Division Multiple Access	码分多址
19	CDN	Content Delivery Network	内容分发网络
20	CentOS	Community Enterprise Operating System	社区企业操作系统
21	CI/CD	Continuous Integration/ Continuous Delivery	持续集成／持续交付
22	CloudOS 4.0	Cloud Operating System 4.0	第四代云操作系统
23	CN2	ChinaNet Next Carrying Network	中国电信下一代承载网
24	CN2-DCI	CN2 Data Center Interconnect	中国电信推出的数据中心互联服务
25	CPU	Central Processing Unit	中央处理器
26	CRM	Customer Relationship Management	客户关系管理
27	CSP	Cloud Service Provider	云服务提供商
28	CSC	Cloud Service Consumer	云租户
29	CTG-CACHE	—	中国电信自研的分布式缓存
30	CTG-CCSE	—	中国电信自研的容器管理框架
31	CTG-MQ	—	中国电信自研的分布式消息中间件

序号	英文简写	英文全称	中文释义
32	CTyunOS	—	中国电信自研的服务器操作系统
33	CubeCNI	Cube Container Network Interface	天翼云开源的基于专有网络VPC的容器网络接口
34	DB	Database	数据库
35	DC	Data Center	数据中心
36	DCI	Data Center Interconnect	数据中心互联
37	DCOOS	Digital Capability Open Operation System	数字化能力开放运营平台
38	DevOps	Development Operations	软件开发和信息技术运维相结合的方法论和实践
39	DICT	Digital Information Center	数字信息中心
40	Docker	—	一种开源的应用容器引擎
41	DolphinScheduler	—	一种分布式任务调度系统
42	Doris	—	一种基于 MPP 架构的高性能、实时的分析型数据库
43	DPI	Deep Packet Inspection	深度报文检测
44	DPU	Data Processing Unit	数据处理器
45	eBPF	extended Berkeley Packet Filter	一种在Linux内核中运行的虚拟机技术
46	ELKB	Elasticsearch、Logstash、Kibana、Beats	一套开源的分布式日志管理方案
47	ENI + IPVlan	Elastic Network Interfaces + Internet Protocol Virtual Local Area Network	弹性网络接口卡和虚拟局域网

续表

序号	英文简写	英文全称	中文释义
48	EOP	—	中国电信的能力开放运营后台管理系统
49	ETL	Extract–Transform–Load	抽取—转换—加载，是一种数据流控制技术
50	Flink	—	Apache Flink流式处理框架
51	Gartner	—	一家全球知名的科技研究与咨询公司，提供行业分析、市场预测、技术评估和咨询服务
52	GETSET	—	一种操作指令。在Redis中，GET和SET是用于读取和设置键值的常用命令
53	GIS	Geographic Information System	地理信息系统
54	GOLF+ IT	—	指2020 GOLF+ IT新治理领导力论坛，其是由中国信息通信研究院主办的一个会议活动
55	Greenplum	—	一种开源数据库
56	GSMA	Global System for Mobile Communications Association	全球移动通信系统协会，是一个国际性的移动通信行业组织
57	Hadoop	—	一种开源的分布式计算框架
58	Hadoop+Doris	—	结合Hadoop和Doris的整体解决方案
59	Hash	—	哈希函数
60	HBase	—	一种开源的分布式列存储数据库

续表

序号	英文简写	英文全称	中文释义
61	HDFS	Hadoop Distributed File System	Hadoop分布式文件系统
62	Hive	—	Hadoop数据仓库系统
63	HPA	Horizontal Pod Autoscaler	水平自动扩展
64	HTAP	Hybrid Transaction/Analytical Processing	混合事务/分析处理
65	HTTP	Hypertext Transfer Protocol	超文本传输协议
66	Hudi	Hadoop Upserts Deletes and Incrementals	一种开源的数据湖管理系统
67	IaaS	Infrastructure as a Service	基础设施即服务
68	ICT	Information and Communication Technology	信息通信技术
69	IDC	Internet Data Center	互联网数据中心
70	I/O	Input/Output	输入/输出
71	IOE	—	I是指"IBM的小型机"，O是指"Oracle数据库"，E是指"EMC存储设备"
72	IOMM	IT and Operation Maturity Model	企业IT数字化能力和运营效果成熟度模型
73	IOPS	Input/Output Operations Per Second	计算机每秒输入/输出操作的数量
74	IPS	Intrusion Prevention System	入侵防御系统
75	IT	Information Technology	信息技术
76	ITPaaS	Integration Platform as a Service	集成平台即服务
77	Java	—	面向对象的编程语言
78	JDK	Java Development Kit	Java的软件开发工具包
79	JSON	JavaScript Object Notation	一种轻量级的数据交换格式

序号	英文简写	英文全称	中文释义
80	K8s	Kubernetes	一个开源的容器编排系统
81	Kafka	—	一个开源的分布式流处理平台
82	Kerberos+Ranger	—	身份验证和授权服务
83	KPI	Key Process Indication	关键业绩指标
84	MapReduce	—	Hadoop分布式计算框架
85	MEC	Mobile Edge Computing	移动边缘计算
86	MIMO	Multiple-Input Multiple-Output	多输入多输出
87	MPP	Massively Parallel Processing	大规模并行处理
88	MSP	Cloud Management Service Provider	云管理服务提供商
89	MSS	Management Support System	管理支撑系统
90	MySQL	—	一种关系型数据库
91	NameNode	—	Hadoop分布式文件系统的主节点
92	NFV	Network Functions Virtualization	网络功能虚拟化
93	NICES	—	中国电信在5G时代提出的一种网络架构和业务模式。N，网定制；I，边端智能；C，云协同；E，应用随选；S，服务&安全
94	NLP	Natural Language Processing	自然语言处理
95	NoSQL	—	非关系型数据库
96	OCR	Optical Character Recognition	光学字符识别
97	OLAP	On-Line Analytic Processing	联机分析处理
98	OLTP	On-Line Transaction Processing	联机事务处理

续表

序号	英文简写	英文全称	中文释义
99	OpenAPI	Open Application Programming Interface	开放式应用编程接口
100	OpenStack	—	一个开源的云计算平台
101	Oracle	—	甲骨文公司的关系型数据库
102	OSS	Operation Support System	运营支撑系统
103	OTN	Optical Transport Network	光传输网络
104	PaaS	Platform as a Service	平台即服务
105	PB	Petabyte	拍字节，计算机存储容量的单位之一，1PB=1024TB
106	Pod	—	Kubernetes最小的调度单元
107	PC	Personal Computer	个人计算机
108	POP	Post Office Protocol	邮局协议
109	Postgres	—	PostgreSQL早期版本的名称
110	PostgreSQL	—	一种对象关系型数据库
111	PPS	Packet Per Second	每秒传输的数据包数量
112	PR	Pull Request	拉取请求
113	Python	—	一种高级编程语言
114	QPS	Queries Per Second	每秒查询率
115	RDO	Remote Data Objects	远程数据对象
116	Redis	—	一种内存数据库
117	ROADM	Reconfigurable Optical Add-Drop Multiplexer	可重构光分插复用器，一种用于光通信网络的设备
118	RPO	Recovery Point Objective	复原点目标
119	RTO	Recovery Time Objective	复原时间目标

续表

序号	英文简写	英文全称	中文释义
120	SA	Stand Alone	独立组网
121	SaaS	Software as a Service	软件即服务
122	SAS	Serial Attached SCSI	串行连接SCSI接口
123	SATA	Serial Advanced Technology Attachment	一种硬盘接口
124	Scheduler	—	调度器
125	Scrum	—	一种敏捷软件开发方法
126	SDK	Software Development Kit	软件开发工具包
127	SDN	Software Defined Networking	软件定义网络
128	SD-WAN	Software Defined Networking in a Wide Area Network	软件定义广域网络
129	SeaTunnel	—	一种高性能数据集成工具
130	Session	—	会话
131	SETNX	SET if Not eXists	Redis中设置键值对的命令，常用于实现分布式锁
132	SIG	Special Interest Group	指对某个特定主题或领域具有共同兴趣的人群
133	SQL	Structured Query Language	结构化查询语言
134	SSD	Solid State Disk	固态硬盘
135	TB	Terabyte	太字节，计算机存储容量的单位之一，1TB=1024GB
136	Tbit/s	Terabits per second	计量数据传输速度的单位之一，1Tbit/s=10^{12}bit/s
137	TeleCloudOS	—	中国电信自研的云操作系统

中国电信上云历程

续表

序号	英文简写	英文全称	中文释义
138	TeleDB	—	中国电信自研的分布式数据库
139	TeleDB For MPPDB	—	中国电信自研的MPP分析型数据库
140	TeleGDB	—	中国电信自研的图数据库
141	TeleHTAP	TeleDB for HTAP	中国电信自研的分布式融合数据库
142	TelePG	TeleDB for PostgreSQL	中国电信自研的对象关系型数据库
143	TiDB	—	一种分布式关系型数据库
144	TiKV	—	一种分布式事务存储引擎
145	TPMC	Transactions Per Minute C	每分钟事务处理能力
146	TPS	Transactions Per Second	每秒事务处理量
147	Trino	—	一种开源的分布式SQL查询引擎
148	UDAL	TeleDB for UDAL	中国电信自研的分布式数据库
149	VPC	Virtual Private Cloud	虚拟私有云
150	WAF	Web Application Firewall	网站应用级防火墙系统
151	Web	—	基于互联网的信息系统
152	去"O"	去"Oracle"	去Oracle数据库

翼龙平台
获奖情况

翼龙平台获奖情况如表 B-1 所示。

表 B-1　翼龙平台获奖情况

平台	奖项	授予机构	时间
翼龙平台	2020IT行业年度优秀案例（云服务类）	中国信通院	2020年12月
	数字基础设施一体化云平台能力认证——数字化可信服务	中国信通院	2021年3月
	中国电信"腾云杯"IT上云大赛——最佳支撑奖	中国电信工会	2021年5月
	服贸会数字化转型卓越案例	工业和信息化部	2022年9月
	科学技术奖科技进步一等奖	中国电子学会	2023年2月
	企业IT数字化能力和运营效果成熟度模型（IOMM）	中国信通院	2023年7月
	第二届"鼎新杯"数字化转型应用大赛一等奖	中国信通院	2023年9月
云翼	中国电信2020年度科技成果创新贡献奖	中国电信	2020年10月
	"i创"黑马大赛行业应用创新赛场——政企上云一等奖	中国电信工会	2021年12月
云道	2020IT行业年度优秀案例（DevOps类）	中国信通院	2020年12月
	2021GOPS大会"IT技术领导力风云团队奖"	中国信通院	2021年11月
	中国电信科技进步二等奖	中国电信	2021年12月
云眼	2019运维行业年度优秀案例	云计算标准和开源推进委员会	2019年12月
	2019—2020年度通信网络运维管理创新先进项目	中国通信企业协会	2020年12月
	国有企业数字化转型百佳典型案例	国务院国资委	2021年2月
	2022XOPS产业生态峰会"智能运维示范引领案例"	中国信通院	2022年7月

附录 C

"天翼云"
上云服务
能力概览

腾 云 之 翼 · 中 国 电 信 上 云 历 程

一、基础设施

地域：覆盖 31 个省（自治区、直辖市）和 300 多个地级市。

可用区：大规模多 AZ 资源池。

边缘节点：1000 余个。

带宽：接入容量 >500Tbit/s，国内城市部署超 300 个，海外 POP 点达 60 多个，OTN 带宽 >500Tbit/s。

服务器：超百万台。

数据中心："2+4+31+X+O" 云网融合资源布局，中心节点达到 13 个；在全国拥有 700 多个数据中心。

绿色低碳：中国电信（国家）数字青海绿色大数据中心是全国首个 100% 清洁能源可溯源绿色大数据中心，采用间接蒸发冷、液冷等先进冷却技术，结合青海冷凉气候，可实现全年 314 天不开启空调、100% 可溯源绿电供应，具有绿色、零碳、可溯源 3 个关键特征。

二、基础架构及产品

计算：重构开源 OpenStack，支持超大规模和多 AZ，重写计算调度、认证等服务，自研的计算任务编排引擎效率高，创建效率平均提升 5 倍；自研的大规模、多 AZ 资源管理调度能力，支持智能调度和超大规模部署，集群规模提升 10 倍以上。

存储：存储能力达到百万级 IOPS，已实现商用容量超 2EB；多 AZ 同步写入，提供强一致性语义；元数据采用跨 AZ 的三副本存储策略，数据采用跨 AZ 的纠副码存储策略；超大规模、可横向扩展的存储集群。

网络：泛在融合的云网络，网元单核千万级 PPS；接入泛在，全球互联，接入容量 >500Tbit/s，国内城市部署超 300 个，海外 POP 点达 60 多个，在全球 27 个国家 42 个城市部署超 100 个 POP。

编控一体："云 + 网 + 应用"一站式管控，全城云网络智能调度，实时感知网络异常，秒级逃生。

三、PaaS 层软件

低代码：天翼云低代码平台提供五大开发能力服务，包括表单问卷引擎、智能流程引擎、仪表盘及自定义页面服务、数据集成处理服务和开放集成能力服务，通过标准能力封装实现业务逻辑的可视化编排，减少编码重复劳动。

大数据：天翼云诸葛 AI—鲁班大数据平台拥有超百种自研 AI 原子能力，汇聚 200 多种算法服务、300 多个专题模型、350 多个行业模型。

数据库：天翼云 TeleDB 系列产品、一站式 HTAP 融合数据库，以及 TeleDB 数据库，拥有容灾双活方案计算、内存、存储三层解耦的存算分离架构，实现多引擎存算分离同构；提供量子

加密能力；基于 MPP 架构，完成全弹性扩展技术底座构建；支持聚簇索引和异步事务提交，减少延迟；支持多主写入，单集群提供百万级混合写入；高负载复合故障最长 30 秒恢复。

云原生：提供应用全生命周期托管、服务网格化敏捷治理、应用运行状态全链路可监测；全云原生平台行业领先，管理调度超过 15 万个容器的超大规模容器集群；支持主流微服务接入和治理。

其他：全场景一体化云原生安全，算法和特征库超 3000 个，云堤 3Tbit/s 大流量防护，每日防护请求超 10 亿次；超 100 万 ITPaaS 并发能力；超 100 万网络连接处理能力；研发算力调度系统"息壤"，具备全国范围内的算力跨域调度、域内云边协同、多云管理调度的能力；CDN 日刷新 3 亿次。

四、人工智能

天翼云 AI 中台：实现深度学习、计算机视觉、知识图谱、自然语言理解等人工智能技术模块化、组件化、集约化、可插拔化，并赋能数据中台。

算法开发平台：AI 创作间拥有 130 多个算子库，性能提升 40% 以上，利用率提升 50% 以上，成本减少 80%。

能力开放平台：天翼云诸葛 AI—鲁班大数据平台，总体规模超过 2 万台。AI 开放平台私有化标准版提供人脸识别、内容审核、OCR 三大类 15 个 AI 算法接口。

大模型：天翼云支持百亿级别大模型训练，中国电信目前在与相关研究机构和高校共同合作探讨，基于天翼云丰富的算力资源与 AI 原子能力，开展 NLP 相关大模型的训练项目。

五、安全

以"4+1+1=N"为理念，天翼云基于云原生底座将安全能力整合至统一的安全平台，深耕云原生业务应用安全、网络安全、数据安全、云原生安全四大核心技术领域，打造一体化云安全可信运营体系和零信任架构，构建安全核心能力自主可控的技术壁垒。

通过发挥云网融合优势，天翼云构建了"平台 + 租户"端到端一体化安全防护体系；利用零信任架构，天翼云建立了一套以身份安全为核心的信任体系，带动技术架构、应用效能、安全可控的全方位提升。

天翼云红盾云原生安全产品能够满足云上企业端到端的安全防护需求，在政务、金融、医疗等重点垂直领域聚焦"N"类具体场景，致力于为政府和企业提供"云、网、数、智、安"一体化的综合解决方案。

中央企业高质量发展报告（2022）：中国电信

中国电信全面实施"云改数转"战略
推动高质量发展谱写时代新篇章

中国电信集团有限公司　　2022-12-05

中国电信是传承红色电信基因和"人民邮电为人民"光荣传统的通信央企。2000 年，在原中华人民共和国邮电部实施政企分开、邮电分营改革的基础上，中国电信注册成立。2002 年，国家对中国电信进行南北拆分，以南方 21 个省（自治区、直辖市）电信公司为基础组成新的中国电信集团公司，同年 11 月，所属通信主业资产在香港和纽约上市。2008 年，国家再次对电信行业进行改革，中国电信收购原中国联通的 CDMA 网络资产和业务，接收原中国卫通的基础电信业务，成为国内唯一一家"网络覆盖国内外、主业实业相协同、天地一体全业务"的电信运营企业。在历次电信行业改革的过程中，中国电信作为我国电信行业改革的母体和发展的摇篮，传承了百年电信的深厚积淀，同时也承担了大部分的历史责任。2017 年，中国电信集团公司完成公司制改制，由全民所有制企业变更为国有独资公司，企业名称变更为"中国电信集团有限公司"。2021 年 8 月，所属中国电信股份有限公司回归 A 股上市。目前，中国电信的资产规模达 9898 亿元，服务各类用户 11.2 亿户，推出的"天翼云"在全球运营商公有云 IaaS 中排名第一。中国电信成为全球领先的大型全业务综合智能信息服务运营商、新型信息基础设施的主力军、云网融合的全球引领者、国内最大的 IDC 服务提供商，连续 5 年获中央企业党建工作责任制考核 A 级，连续 22 年位列《财富》全球 500 强，2022 年排名第 131 位。

近年来，面对严峻复杂的国际形势，中国电信坚决贯彻落实党中央、国务院的决策部署，坚持稳中求进工作总基调，坚持党建统领、守正创新、开拓升级、担当落实，全面实施"云改数转"战略，系统谋划了业务、科创、云网、安全、绿色、数字化平台等九大战略布局，大力推进科技创新，持续深化企业改革，全力打造服务型、科技型、安全型企业，乘势而上，真抓实干，推进企业高质量发展，从七个方面进行了大量探索实践。

一、提升党建工作质量，明确高质量发展主线

中国电信坚持以习近平新时代中国特色社会主义思想为指导，深刻领悟"两个确立"的决定性意义，增强"四个意识"，坚定"四个自信"，做到"两个维护"。中国电信持续深入学习贯彻习近平总书记关于国有企业改革发展、党的建设，以及关于网络强国、数字中国、科技创新和网信安全的重要论述，深刻认识到自身是党领导下完成政治任务的经济组织，进一步强化了勇当

建设网络强国和数字中国、维护网信安全主力军的政治担当。建立贯彻落实习近平总书记重要指示批示精神长效机制，系统梳理、深入领会习近平总书记在不同时期考察调研企业工作时做出的 18 项重要指示批示，以实际行动践行"两个维护"。弘扬伟大建党精神，传承红色基因，提炼形成"听党指挥、信念坚定、一心为民、变革创新、崇尚科技、安全畅通"的 24 字红色电信精神。三件信物被载入史册，其中，"半部电台"被收藏于中国人民革命军事博物馆，"云监工"摄像头被收藏于中国国家博物馆，"蔡甸电信分公司党团突击队"旗帜被收藏于中国共产党历史展览馆，"姓党为党"的政治底色更加鲜亮。认真贯彻落实《中国共产党组织工作条例》和中央人才工作会议精神，树立鲜明的选人用人导向，不断优化班子的年龄、专业和经历结构，选好配强"一把手"，加强优秀年轻干部选用，加强高层次专业人才和 ABCI 人才队伍建设，持续加强干部人才队伍建设。坚持大抓基层的鲜明导向，实施党支部建设"百千万工程"，全面推行党建指导员制度、党员积分管理制度，创新开展"党建翼联"主题实践活动，使基层党组织的政治功能和组织力不断增强。坚持围绕中心攻坚克难，组织党员干部踊跃投身疫情防控、抗洪救灾和"云改数转"战略等重点任务，涌现出以全国优秀共产党员杨天路为代表的抗疫先进典型群体。锲而不舍地落实中央八项规定精神，毫不松懈地纠治"四风"，深入开展"两深入两服务"，有力为基层减负。始终坚持"严"的主基调，一体化推进不敢腐、不能腐、不想腐体制机制建设，从严推动"靠企吃企"专项整治，高质量推进内部巡视巡察工作，形成风清气正的政治生态，并不断巩固发展。

中国电信一手坚定不移地抓党建，一手千方百计地抓发展，把国有企业独特的政治优势转化为发展优势，以高质量党建工作引领高质量发展。2022 年上半年，中国电信营业收入为 2423.2 亿元，同比增长 10.5%，可比净利润为 182.9 亿元，同比增长 12.0%，营业收入及可比净利润均实现双位数增长，产数业务成为收入增长"第一动力"，交出了一份优异的答卷。

二、全面深化"云改数转"战略，夯实新型信息基础设施底座

中国电信深入贯彻习近平总书记关于数字中国建设的重要指示批示精神，完整、准确、全面贯彻新发展理念，顺应新一代信息通信技术迭代融合、数字技术与实体经济深度融合不断加剧的发展趋势，着力把握新一轮科技革命和产业变革带来的战略机遇，继承红色电信基因和"人民邮电为人民"的优良传统，结合企业实际，坚持党建统领、守正创新、开拓升级、担当落实，提出并全面实施"云改数转"战略。

（一）立足新时代，深刻把握"云改数转"战略的内涵

"云改数转"战略是指在党建统领下，强化科技创新核心能力，建设云网融合、绿色安全的新型信息基础设施，夯实绿色发展和网信安全底座，构建数字化平台枢纽，打造合作共赢生态，深化体制机制改革，为客户提供灵活多样、融合便捷、品质体验、绿

色安全的综合智能信息服务。其内涵是以客户为中心，把满足客户的信息化需求，提升客户体验，提升客户的获得感、幸福感、安全感作为企业一切工作的出发点和落脚点。

"云改数转"战略是对中国电信发展历史的传承，同时契合了经济社会数字化转型的大势，是中国电信将云网资源优势转化为能力优势继而转化为发展优势的必然选择，是基于云网融合的数字化转型升级。这一战略从根本上是体现中国电信政治担当的战略，是党建统领、守正创新、开拓升级、担当落实的战略。

"云改数转"战略是中国电信旗帜鲜明地讲政治、坚决做到"两个维护"的集中体现，是中国电信贯彻落实习近平总书记重要指示批示精神和党中央决策部署的具体体现。中国电信在全面实施"云改数转"战略的过程中，明确了企业"十四五"时期的主要目标，即业务布局显著优化，综合信息服务新兴领域有效开拓，关键领域核心技术取得实质性突破，企业安全体系和服务实现新提升，全力打造服务型、科技型、安全型企业。

（二）推进云网融合，加快建设新型数字信息基础设施

中国电信认真贯彻落实习近平总书记关于"要加快新型基础设施建设，加强战略布局，加快建设高速泛在、天地一体、云网融合、智能敏捷、绿色低碳、安全可控的智能化综合性数字信息基础设施，打通经济社会发展的信息'大动脉'"和加快建设 5G 网络、数据中心等重要指示精神，充分发挥网的基础优势，把握云的发展方向，在业界率先提出"网是基础、云为核心、网随云动、

云网一体"的云网融合发展思路，加快构建以云网融合为核心特征的智能化综合性数字信息基础设施，并坚持以云网融合牵引发展实践和科技创新，为打通经济社会发展的信息"大动脉"贡献了重要力量。

一是加快 5G 建设发展。坚持 SA 发展方向，率先提出并坚持 SA 方案，主导全球 5G 产业 SA 部署指南，率先建成全球规模最大的 5G SA 共建共享网络并投入商用，为全球 5G SA 部署提供了应用示范。截至 2022 年 8 月，5G 基站累计开通超过 96 万个，基本实现重点乡镇及以上区域连续覆盖；5G 套餐用户达到 2.4 亿户，渗透率达到 61.5%，持续保持行业领先。

二是持续开展全光网络建设。中国电信全面落实"宽带中国"战略，率先开展千兆网络建设，已覆盖 300 多个城市，网络覆盖规模业内领先，其中南方 21 个省（自治区、直辖市）已经基本实现城镇光网全覆盖；拥有业内领先的宽带互联网 ChinaNet 和 CN2-DCI 精品承载网；构建"四区六轴八枢纽多通道"国家光缆大动脉，建设覆盖 31 个省（自治区、直辖市）的 ROADM 全光网络、干线光缆网络及覆盖国内 300 多个城市的政企 OTN 精品专网，为党政军、金融等行业提供安全可靠的高品质服务。

三是优化数据中心布局。中国电信按照"2+4+31+X+O"进行资源布局，在内蒙古和贵州 2 个地区建立数据中心园区，在京津冀、长三角、粤港澳、陕川渝 4 个区域布局一大批重点数据中心节点，与全国一体化大数据中心布局高度契合，持续推动通信网络从传统以行政区划方式组网向以数据中心和云为中心组网转

变,打造了业界领先的数据中心高速互联网络。

四是打造安全可控的国家云网基础设施。中国电信以"中国第一、世界一流"为目标,按照"做强技术、做大规模、做宽生态、做实基层"的思路,持续打造以"云网融合、安全信创、绿色低碳、生态开放"为特色的国云,加大云资源布局和规模建设。截至 2022 年 7 月底,云服务器已达 38.1 万台,形成了 3.1EFLOPS 的算力规模。

五是坚持绿色发展。中国电信发布"碳达峰、碳中和"行动计划,编制"碳达峰、碳中和""十四五"专项规划,升级形成"1248"绿色发展模式,全面推进绿色低碳工作。深化网络全光化,加快老旧设施升级改造;强化技术创新,广泛应用空调、电源、液冷、AI 等先进节能技术,不断提升数据中心和移动基站的能效水平,使全集团能耗强度和碳排放强度持续下降。三年多来,全集团能耗总量、单位信息流量综合能耗两项指标均持续优于国务院国资委的考核要求。

三、以科技创新为引领,持续打造科技型企业

中国电信认真贯彻创新驱动发展战略,在业界率先发布"十四五"科技创新专项规划,全面完成基于 RDO 协同的科技创新研发布局。

一是加强核心技术攻关。中国电信完成 CloudOS 4.0 商用版本对外发布,自研 DPU 及定制服务器、数据库取得重大突破;

在 GSMA 牵头组织全球产业链制定并发布《5G SA 部署指南》；自研 5G 云化网元、移频 MIMO 室分系统和 MEC 边缘平台；自研全光网、IP 网控制器规模部署，率先完成 5G 核心网三层解耦；构建覆盖云、网、边、端的全方位安全防御体系，自研的"云堤"平台是国内唯一具备全网覆盖和全球通达能力的国家级网络安全防护保障平台，自研量子密话产品全国首发，首款自研智能云摄像头上市。

二是加快科技成果研发及转化。近三年，全集团专利申请年均增长率超 120%，5G 领域核心技术荣获国家专利银奖；在 3GPP 主导完成超级上行核心标准，与中国联通联合立项的"大带宽 5G 共建共享标准"突破多项关键技术，随 3GPP R16 一起在全球发布，累计主导及联合主导发布 134 项国际标准；"超大容量智能骨干路由器技术创新及产业化"科技成果获得国家科技进步二等奖。

三是推进研发生态建设。中国电信与清华大学等高校、科研院所开展实质性合作，与中国电科、中国电子、华为、中兴等产业链伙伴开展联合技术攻关，建设云网基础设施国家安全工程中心，积极组建全球云网宽带产业协会。

四是优化研发体系布局。中国电信形成应用基础研究领域以研究院为主、应用技术研发领域以专业公司为主、运营式开发领域以省级公司为主的研发格局。同时，以网络、AI、安全、量子等关键核心技术贯通 RDO 三大板块，推动全集团共同参与科技创新工作。

四、以客户为中心，提高效益、拓展产品、提升服务质量

中国电信积极践行以人民为中心的发展思想，弘扬红色电信精神，始终把满足人民对美好生活的向往作为一切工作的出发点和落脚点，打造智能化、综合化、信息化的产品和服务，不断提升广大人民群众的获得感、幸福感、安全感。

（一）坚持以客户为中心，持续打造服务型企业

中国电信秉持"客户至上、用心服务"的服务理念，强化宗旨意识，坚持不懈地为民服务，扎实推进各项服务举措落地，用始终如一的不懈努力持续提升客户感知。

一是增强全员服务意识。加强宗旨意识教育，开展"守初心、担使命，全员服务在行动"教育实践活动，引导广大员工站稳人民立场，牢记"人民邮电为人民"的初心使命，自觉在思想上、行动上为客户担当，最大限度地维护客户的合法权益。

二是深耕"客户说了算"机制。聚焦老百姓"愿望清单"，深化以客户为中心的生产运营组织体系，加强对更加优质、高效的综合智能信息产品和服务的供给，着力锻造中国电信持久的核心竞争力。

三是创新为民服务模式。通过远程柜台、5G 消息等视频化智能服务，让客户更方便、更省心。

四是不断提升服务水平。打造上万家"爱心翼站"，充分发

挥营业厅便利服务的作用，提供有温度的公益服务，优化适老化服务,完善防骚扰业务,持续打造"好服务更随心"六大服务体系。

2019 年至 2021 年，中国电信连续三年的客户满意度保持行业领先，工业和信息化部电信用户申诉率保持行业最低。

（二）积极拓展数字化产品，智慧应用普惠广大人民群众

"加快数字化发展，建设数字中国"被列为"十四五"时期的目标任务，数字生活消费需求日益高涨，已成为民之所需、心之所系。中国电信深耕客户需求及应用场景，搭建一体化数字生活产品和服务体系，为城乡居民提供全方位的数字生活服务，推动全民共享数字生活新时代。

一是全面升级家庭信息化服务，推广"5G+ 光宽带 +Wi-Fi6'三千兆'接入"和全屋智能定制化解决方案，让用户畅享电信 5G 三千兆智能信息生活。

二是围绕社区智能管理、乡村数字治理等场景化需求，全面推广智慧社区、数字乡村等数字化解决方案，提供线上线下融合的居民服务、社区管理、基层治理等服务，实现从家庭到社区基层治理的联动融通场景应用,为社区服务和乡村治理全面注入"智慧基因"。

三是有力支撑各级政府上云、用数、赋智，针对政府决策、群众服务、社会治理中的难点问题，参与建设 22 个省级政务云平台、180 个地市级政务云平台，运营 12345、一网通管等各类平台 600 多个，助力国家治理体系和治理能力的现代化建设。

四是推进"5G+ 云 + 应用"与传统产业深度融合，打造行业标杆，助力千行百业数字化转型，以 5G 定制网产品为抓手，探索形成涵盖"网、边、云、用、服"的"NICES"模式。自 5G 商用三年以来，中国电信累计打造 5G 定制网项目超 3000 个，5G 行业商用项目近 9000 个，并形成了智慧矿山、智慧工厂、智慧城市、智慧医疗等一系列典型案例。在信息消费领域，中国电信持续扩大 5G 超高清、5G 云 VR/AR、5G 云游戏的用户规模，创新推出了 5G 量子密话，其商用用户突破 40 万户，并推出了 5G 消息、5G 新通话等新业务，带动高水平的普惠接入和高质量的公共服务的发展，释放数字经济、智慧社会转型升级新动能，让人民群众享受更加美好的数字新生活。

五、发挥维护网信安全主力军作用，筑牢网络安全屏障

在信息化、数字化浪潮下，网络安全的重要性不断凸显。在新时代，中国电信始终站在网络发展与安全的前沿，以"守护网络安全，提供一流服务"为愿景，全力打造安全型企业。

一是强化网络和信息安全管理。中国电信把网络信息安全作为头等大事，在业界率先确立了建设安全型企业的规划，将安全理念和制度贯穿生产经营的全链条、全流程、全场景和全生命周期。落实党委（党组）网络安全责任制，成立专项领导小组，建立建设安全型企业月度调度分析机制，切实将网信安全纳入重点工作计划和重要议事日程。中国电信建立"总部—各省"两级全

天候运营机制，开展网络攻防实战演练，高质量完成了中国共产党成立 100 周年、中华人民共和国成立 70 周年等一系列党和国家重要会议、重大活动的保障任务，并将党的二十大重要任务抓紧抓实。

二是加强关键技术攻坚和核心能力建设。中国电信在业内率先建设了安全中台，构建了覆盖 31 个省（自治区、直辖市）的安全能力池，统筹规划数据融通、能力聚合、架构统一、生态开放的云、网、边、端一体化能力体系，实现了安全数据集中化、安全分析智能化、安全运行编排化和安全服务能力化，云网安全能力满足按需随选和弹性部署。

三是加大关键信息基础设施的安全自主可控力度。中国电信自主研发云网安全能力管理平台、5G 自动化编排系统等关键信息基础设施，统一安全技术标准，确保数据安全合规。

四是持续拓展安全产品和服务。中国电信积极推广量子密话等安保助手、网络反诈等系列产品与服务，建成国内唯一具有全网覆盖和全球触达能力的网络抗 DDoS 攻击防护平台"云堤"，为十余个行业、近万家客户提供端到端一体化纵向防护服务。

五是强化数据安全和个人信息保护。按照工业和信息化部防范治理电信网络诈骗工作的部署要求，中国电信着力打击治理电信网络诈骗，依法强化数据安全和个人信息保护，不断完善管理体系，持续提升风险监管监测能力，有效保护了人民群众的财产安全。三年多来，中国电信电话号码涉案涉诈量持续下降并保持行业最低。

六、坚持机构改革，加大对外合作力度，构建良好生态

中国电信认真落实国企改革三年行动重大决策部署，以改革促发展，以创新促转型，实现了企业持续健康快速发展，通过改体制机制、改基础设施、改产品服务，为全方位开放合作奠定重要基础。

（一）深化企业改革，增强企业活力

通过对改革中的痛点进行全面梳理、深刻分析，中国电信明确改革任务、目标和举措，坚持"改革+服务"两手抓，提升企业治理水平和核心竞争力。

一是全力推进国企改革三年行动落地见效。中国电信研究制定《中国电信国企改革三年行动实施方案（2020—2022年）》，统筹推进五大方面、94项改革举措，提前完成三年行动主体任务。2021年，中国电信国企改革三年行动获得国务院国资委考核A级。

二是持续推动中国特色现代企业制度建设。中国电信始终坚持两个"一以贯之"，把党的领导融入公司治理各环节，充分发挥国企党建的政治优势，推进中国特色现代企业制度更加成熟定型。一方面，全面完成集团公司及下属重要分子企业党组（党委）前置研究讨论重大经营管理事项清单制定和修订工作，加强党在公司治理中的领导作用。另一方面，加强董事会建设，着力完善

相关制度，落实董事会职权，提升公司治理能力，确保运转合规高效，构建权责法定、权责透明、协调运转、有效制衡的公司治理机制。同时，强化监督管理，完善运行监管，使三重一大决策和运行监管系统覆盖三级以上企业。

三是不断深化供给侧结构性改革。中国电信坚持以客户为中心，持续推进政企改革，设立卫健、应急、农村农业、政法公安等产业研究院，赋能千行百业的数字化转型。中国电信设立云公司、安全公司、大数据和 AI 公司，控股北京辰安科技股份有限公司，合资设立中电信量子科技有限公司等，加快战略新兴业务拓展。中国电信成立数字生活公司、雄安数字城市公司、上海临港算力公司等，助力数字经济和国家区域经济发展。

四是全面完成剥离企业的社会职能和解决历史遗留问题。中国电信作为通信行业改革的母体，承担了大量历史成本，遗留下来许多历史问题。近年来，全集团上下攻坚克难，历史性地解决了各方面的改革难点问题。截至 2021 年年底，中国电信圆满解决"三供一业"分离移交、厂办大集体改革、全民所有制企业改革、退休人员社会化管理等历史遗留问题，以及完成法人压减、"两非"剥离、重点亏损企业治理等重大改革任务，实现了轻装上阵，走上了良性健康的发展道路。

五是推进专业公司混改、科改和市场化运作。互金公司完成两轮引战，累计引入外部资本超 20 亿元，以翼支付为基础打造中央企业产数运营平台。中国通服引入国网信通作为战略性股东，进一步加强双方在电力行业信息化与智能化等领域的战略合

作。互金公司、中国通服作为"双百"企业，在2021年度国务院国资委专项评估中获评"优秀"。数智公司、云公司、安全公司、物联网公司4家企业入选国务院国资委"科改示范行动"企业名单，创新发展活力和动能进一步增强。

六是实现股份公司回归A股上市。2021年8月20日，中国电信正式在上海证券交易所挂牌上市，成为自美股退市后第一家回归A股的大型央企。中国电信将回A股上市作为创新驱动企业发展的大平台和总抓手，引入一批重要战略投资企业，扩展战略业务协同，将资本市场的关注和期望融入公司发展的方方面面，全面推动各项变革，实现更高质量、更加安全的发展。

（二）深化共建共享，推动行业协同

中国电信全面贯彻新发展理念，积极携手中国联通联合开展技术创新和难题攻关，首创了5G接入网"一张物理网，两张逻辑网"资源共建共享、核心网各自建设独立运营、业务差异化经营发展的新模式，用最短时间、较少资金快速建成了全球首张规模最大、网速最快的5G SA共享网络，实现了规模翻倍、覆盖翻倍、速率翻倍"1+1>2"的良好效果，为5G业务全面便捷服务千家万户、赋能千行百业提供了高质量的网络保障，同时极大缓解了运营商网络投资和运维成本带来的财务压力，为全社会绿色低碳运行做出了积极贡献。目前，电联4G/5G共建共享累计已为国家节约投资超过2400亿元，每年节约运营成本超过200亿元，每年节电超过170亿度，相当于减少碳排放超过1000万吨。

通过 5G 共建共享创新机制，中国电信联合产业链上下游和行业伙伴，加大技术与管理创新，实现了多项 5G 关键技术全球领先，带动我国产业链填补了全球产业的多项空白；加快推进了 5G 芯片、终端、网络、应用等产业生态不断成熟壮大；积极营造了行业在 4G/5G 网络、700M 网络、科技创新、重点业务平台和通信基础设施等多领域共建共享与共赢发展的新局面。习近平总书记在"不忘初心、牢记使命"主题教育总结大会上对 5G 共建共享工作给予了充分肯定；5G 共建共享一系列创新成果荣获 2020 年中国通信学会科技进步奖一等奖、通信行业企业管理现代化创新一等奖等荣誉。

（三）推进生态合作，共促产业发展

中国电信紧密围绕云计算、网信安全、AI 及大数据、5G 行业应用、数字生活五大生态领域，着眼于生态布局，聚焦业务协同发展，推动内外部资源有效结合，初步构建"基金 + 直投"的投资体系，打造开放合作、良性互动的转型新生态。在网信安全领域，通过参股投资及引入战略投资者，提升企业在安全及信创领域的能力；在云计算领域，通过资本方式补足云计算核心产品；在数字生活领域，为细分领域赋能助力；在 AI 及大数据领域，实现 AI 协同赋能；在 5G 行业应用领域，在数字政府、应急、交通等方面实现资本赋能。

七、服务国家战略全局，助力疫情防控、乡村振兴，彰显使命担当

中国电信始终牢记"国之大者"，坚决落实党中央重大决策部署，全力做好信息服务和通信保障，积极投身到抗击疫情和精准扶贫、乡村振兴的硬战中，奋力担起央企应有的政治责任和社会责任。

（一）抓紧抓实疫情防控，助力科技抗疫

面对疫情的大战大考，中国电信抓实、抓细、抓牢常态化疫情防控，发挥信息服务优势，以"数智力量"筑牢疫情防控屏障。

一是坚持把疫情防控作为重要政治任务，做到及时有效应对。2020年，面对突如其来的新冠疫情，中国电信闻令而动，担当履职，坚决贯彻落实习近平总书记的重要指示批示精神和党中央关于疫情防控工作的决策部署，第一时间成立集团应对疫情工作领导小组，确保思想认识到位、工作措施到位、责任落实到位，出色地完成了境内外疫情防控和通信保障任务。自2021年以来，面对国内多点散发疫情形势，中国电信坚持使用好的经验和做法，集中部署、靠前指挥、压实责任、加强督查，多次研究部署疫情防控工作，积极开展"四不两直"现场检查，督促落实疫情防控措施。

二是夯实主体责任，抓好企业内部疫情防控。中国电信坚决落实中央要求，深刻认识当前疫情防控的复杂性、艰巨性、反复性，

坚持"外防输入、内防反弹"总策略和"动态清零"总方针不动摇、不放松，统筹抓好疫情防控和生产经营。针对变异毒株的特点，及时分析研判，提出"快、早、严、实"的疫情防控要求，加强组织领导，落实四方责任，完善防控预案、细化防控要求、加强督查检查，持续强化全集团和总部的疫情防控工作，确保防控举措落实落细，坚决守住不出现疫情规模性反弹的底线。加强境外机构和项目的疫情防控，从源头上严防境外输入。中国电信始终把员工的生命安全和身体健康放在第一位，扎实开展一线员工和特定员工群体的关心关爱工作，确保全口径员工未发生工作岗位聚集性感染，未出现重症、死亡病例。

三是发挥信息化优势，着力推进科技抗疫。一是利用 5G、云网融合等先进信息技术，快速完成火神山、雷神山等医院的 5G 网络和云平台建设，搭建 5G 远程会诊平台；建成视频直播平台，并发访问峰值超过 2000 万次，累计直播访问量超过 3 亿人次，该平台被网友称为史上最强"云监工"。"蔡甸电信分公司党团突击队"旗帜被中国共产党历史展览馆展出，"云监工"摄像头被中国国家博物馆收藏，成为伟大抗疫斗争记忆的组成部分。二是利用大数据、AI、云等新技术，以数字化手段助力抗疫"攻坚战"。在工业和信息化部的统筹安排下，中国电信高效支撑通信行程卡应用，始终以总集成商的态度积极承担 300 多个智慧防疫系统和平台的安全运营责任；勇当科技防疫先锋，围绕不同场景的需求，推出智能门磁、来电名片、智能门禁等一系列数字化防疫产品，助力科技抗疫。三是推出中小企业上云、云会议、云课堂等信息

化应用，助力中小企业、合作伙伴复工复产，保障学校"停课不停学"，促进智慧社区、平安乡镇建设。

（二）持续巩固拓展脱贫攻坚成果，推进其与乡村振兴有效衔接

截至 2021 年年底，中国电信向四川盐源、木里，新疆疏附，广西田林 4 个定点扶贫县和西藏边坝、青海久治 2 个对口支援县累计投入无偿帮扶资金 4.1 亿元，培训基层干部和技术人员 3.89 万人，购买和帮助销售贫困地区农产品 5.08 亿元，使定点对口扶贫县、定点帮扶村全部提前脱贫摘帽。

自 2018 年脱贫攻坚战开始以来，在中央农村工作领导小组对中央单位定点扶贫工作成效的评价中，中国电信连续四年获得"好"的最高等级评价，并获得全国脱贫攻坚先进集体称号。

三年来中国电信累计承担工业和信息化部第 4 至 6 批次普遍服务建设任务，组织广西等 20 个省保质保量完成 1.6 万余个 4G 基站的建设交付，实现 4G 网络全国乡镇覆盖率达 100%，进一步提高农村地区网络能力覆盖率，弥合城乡数字鸿沟；累计建成数字乡村标准县 416 个、标准乡镇 1461 个、示范行政村 4.4 万个，在"4+2"帮扶县建设 10 个集团级数字乡村示范点，推动巩固拓展脱贫攻坚成果同乡村振兴有效衔接，以数字乡村建设为乡村振兴注智赋能。

（三）落实提速降费，助力中小企业纾困解难

三年来，中国电信坚决贯彻落实国务院的决策部署，开展提速降费工作，到 2021 年年底，宽带平均资费较 2019 年下降

76%，互联网专线资费较 2019 年下降 31%，"暖春行动""春晓行动"助力中小企业上云，惠及超 200 万家客户，有效助力中小企业纾困解难和经济复苏。

奋进新征程，建功新时代。未来，中国电信将坚持以习近平新时代中国特色社会主义思想为指导，全面实施"云改数转"战略，发挥云网融合优势，加大科技创新投入，持续推动数字经济高质量发展，勇当网络强国、数字中国建设的主力军，为全面建设社会主义现代化国家、实现中华民族伟大复兴的中国梦贡献电信力量。

系统全面上云部署工作会上的重要讲话

中国电信系统全面上云部署工作会会议材料

【按】2020 年 7 月 16 日，中国电信召开系统全面上云部署工作会，中国电信集团党组要求加快 IT 上云工作。现将会议内容刊发，请认真学习领会，抓好贯彻落实。

集团党组领导的讲话

刚才云网运营部对 IT 上云工作进行了安排部署，福建、四川、陕西等省的分公司进行了交流发言，请各单位认真学习领会，结合本地实际，抓好贯彻落实。

一、未来十年将是云建设、云应用的十年，我们要做云时代的引领者

在 3G、4G 时代，运营商一方面坚定不移地建设 3G、4G 网络，另一方面对进军移动互联网等新兴产业或多或少存在一些疑

虑，缺乏相应经验，导致在 2010 年到 2018 年八年时间内，全球运营商被互联网公司快速超越，市值被超了三倍，营业收入也被互联网公司超过。我们建设了网络，成就了互联网公司，给自己留下"看不见、瞧不起、追不上"的遗憾。

5G 时代也是云的时代、人工智能的时代。当前 IT 产业已进入云计算时代，云计算的发展，催生了大数据和人工智能的发展。5G+ABC（人工智能、大数据、云）将成为新时代最重要的使能技术，推动和加速全社会信息化、网络化、数字化和智能化的进程。信息化、网络化、数字化和智能化，作为全社会未来十年重要的"新四化"特征，其基础就是云建设、云应用。

新冠疫情加快了中国社会向数字化转型的步伐，云会议、云签约、云出游、居家办公、在线教育等应用迅速普及，"上云"已成为社会各界的共识，也给我们提供了发展机遇。同时，各级政府积极推进社会各界上云，为我们创造了更好的外部发展环境。2020 年 4 月 7 日，国家发展改革委与中央网信办联合印发《关于推进"上云用数赋智"行动 培育新经济发展实施方案》的通知，并且国家发展改革委等 145 家单位共同启动了"数字化转型伙伴行动（2020）"，明确要大力培育数字经济新业态，深入推进数字化转型，形成产业链上下游和跨行业融合的数字化生态体系。2020 年 5 月 24 日，"新基建"相关内容被正式写入政府工作报告，进一步推动中国数字经济迎来高速发展的黄金期。在抢抓发展机遇的过程中，中国电信不仅要做好自身的数字化转型，还肩负着推动全社会数字化转型的责任。从企业价值、公司愿景来看，数

字化转型已经成为中国电信必然面对的时代要求和使命担当，这是企业发展战略的重点之一。我们必须站在时代发展的高度，做云建设、云应用的先行者和引领者，以我们的实践和能力，做"新四化"的赋能者。

二、加快IT上云，早上云，早受益

各级 IT 部门承担着中国电信的 MSS、BSS、OSS 和 DSS 等系统的建设与运营责任，要充分认识到，推进 IT 上云，既是中国电信数字化转型的基础，也是云网融合的重要组成部分、高质量发展的助推器。对于系统和应用的云化部署，要以有利于全国 IT 系统的 CAPBX 和 OPEX 最优化及功能最大化为目标，该集约的尽快集约，该分布的尽快分布，以相对较低的成本实现最优效能。尤其是 PaaS 和 SaaS，"一朵云、一个平台、一个应用、一套流程"将大幅降低建设成本和运营成本，成倍提高 IT 效能效率。比如，对于 GIS 等通用软件，要集约部署。

在推进 IT 上云时，要重点做好"三个面向"。一是面向员工。从后台员工到前台员工到一线员工，都要成为数字化内容的生产者和使用者，通过数字化提高工作效率。在 IT"云改"过程中，各单位的办公电脑、平板电脑和智能手机等的配置规则，也要同时调整优化，在生产办公环节，尽可能替换纸质文件。

二是面向客户。IT 上云要有利于市场营销和客户服务的数字化转型升级，有利于加快线上渠道能力建设和运营，助力业务电商化，提升市场营销和服务的效率。

三是面向合作伙伴。IT 上云要便于我们与互联网、人工智能、大数据、工业互联网等产业的公司合作，实现一点接入、全国服务。一些有远见的客户已经启动了云化、数字化和智能化战略，比如，三一重工制定了"3000 亿元营收，3000 名员工"的数字化转型目标。这些客户倒逼我们快速上云，做数字化转型的先行者，尽快积累丰富的数字化转型经验，只有这样，才能更好地服务客户。

IT 上云既是"云网融合"和"云改"的重要内容，也是向客户展示数字化转型价值的示范工程。IT 上云是大趋势，是早晚的事，越早上云，越早受益，还能减少"二次云改"的成本。各省公司不要犹豫，早上云晚上云，早晚要上云，晚上云不如早上云，早上云，早主动，早受益。当前，阿里、腾讯等互联网公司在 IT 上云方面已经先行一步，并且取得了明显优势，我们要主动向阿里、腾讯等互联网公司学习，取长补短，加快推进 IT 上云。

三、攻坚克难，扎实推进IT上云

上云是好事，也是难事，必然会有很多困难需要大家克服。IT 上云有这样一个特点，起初会很困难，会让大家觉得不适应，但越是困难的事，做成之后的价值就越大。所以我们一定要坚定信心、统一思想、攻坚克难，将一张蓝图绘到底；要动员供应商，一起建设中国电信的 IT"云改"工程；要以勇于改革的精神，以改革促"云改"，以"云改"促进市场发展；要不忘初心，以高质

量党建促进高质量"云改"，用 IT"云改"效果来检验我们的党建质量。

　　同志们，IT 上云是难得的机遇，新时代、新技术，给了我们施展才能的机会，我们要把握机遇，主动担当，动员更多同事和合作伙伴，一起攻坚克难，在数字化转型大潮中为企业改革发展做出更大贡献。

后　记

　　《腾云之翼——中国电信上云历程》描述了中国电信自身上云的最佳实践，回顾了天翼云"十年磨一剑"的发展历程，可谓是中国电信"云改数转"战略的生动写照。作为长期"上云用数赋智"的亲历者和推动者，中国电信不为上云而上云，不是简单地把云下烟囱改为云上烟囱，而是把上云作为企业数字化转型的抓手，践行 Gartner 提出的高阶上云。中国电信自身上云的成功探索，也证明了 IT 上云是企业数字化转型成功的最佳路径。

　　"用数"离不开上云。当前，部分企业的 IT 系统是按部门甚至处室的需求建设的，形成了烟囱林立的系统孤岛、数据孤岛，造成了数据互通难、共享难的局面。如何破局？企业一方面应当通过应用系统深度上云，解耦释放有价值的数据服务并进行能力共享，持续、充分地沉淀能力资产；另一方面，应当通过上云搭建企业级统一的数字化底座，让更多的业务管理部门或生产单位进行业务创新、管理创新和生产赋能。通过云服务形态，企业可低成本使用企业级数据资产和数字化技术，形成

技术搭台、业务唱戏的全员数字化转型文化，深度推进技术与业务的融合创新。

"赋智"离不开上云。无论是GPT，还是国内各种大模型，都离不开云计算服务。云计算在数据处理、模型训练、计算资源调度、多维应用接入等方面为"GPT们"提供了强大的支持；相应地，各种大模型的广泛应用更好地提升了云服务的创收能力。当前，不少企业都在制订"AI+行动"计划，计划的制订除了要找到AI的应用场景，还离不开算力、算法和数据，离不开"云、边、端"的系统互促。

《腾云之翼——中国电信上云历程》一书是上云用数赋智研究项目组关于企业数字化转型最佳实践的总结。上云用数赋智研究项目组后续将结合各行各业的实际需要，继续深入总结"用数"和"赋智"的实践，服务于企业的数字化转型和升级，推进数字经济与实体经济深度融合。

最后，感谢《腾云之翼——中国电信上云历程》的编写团队（中国电信股份有限公司上海企业信息化运营中心参与本书编写），编写团队历时一年，全面总结、系统梳理了中国电信上云用数赋智的最佳实践，期待此书能为更多推进数字化转型的企业提供有益参考和借鉴。